COLUMBIA PICTURES
apresenta

À Noite Sonhamos
(A SONG TO REMEMBER)

Protagonistas

Paul MUNI 🌹 Merle OBERON

com **CORNEL WILDE**

INA FOCH • GEORGE COULOURIS

cine-drama de Sidney Buchman
Dirigido por CHARLES VIDOR

ÁLBUM DE MÚSICAS DE
F. CHOPIN
EXECUTADAS NO FILME

Nº Cat.: 36-A

Irmãos Vitale Editores Ltda.
vitale.com.br
Rua Raposo Tavares, 85 São Paulo SP
CEP: 04704-110 editora@vitale.com.br Tel.: 11 5081-9499

**Editado por Irmãos Vitale Editores Ltda. - São Paulo - Rio de Janeiro - Brasil.
Todos os direitos autorais reservados para todos os países.** *All rights reserved.*

Desde menino Chopin revelou seu talento musical. A primeira peça que ouvimos executada por êle para o seu devotado mestre, Joseph Elsner, é um trecho da *Valsa em Si Bemol*, mais conhecida como *Valsa do Minuto*.

A *Fantasia Improviso* é ouvida no palácio dos Condes Wodzinski, enquanto os convidados se banqueteiam no luxuoso salão de jantar. O Conde Wodzinski ordena ao pianista que continue tocando; porém o *Estudo em Lá Bemol* é interrompido porque Chopin se recusa a tocar na presença de "açougueiros do Czar".

Na Casa Pleyel, após a chegada de Chopin e Elsner a Paris, é ouvida quase a metade da *Polonesa em Lá Bemol* executada por Franz Liszt enquanto Elsner combina com Pleyel o primeiro concêrto de seu discípulo. Chopin senta-se a outro piano e por alguns minutos sua obra é apresentada a dois pianos. Êste é o histórico encontro em que Chopin diz a Liszt: "Toque a melodia, eu acompanho". Assim se conheceram.

No salão às escuras do palácio dos Duques de Orleans, os convidados acreditam que é Liszt quem está tocando o *Scherzo em Si Bemol*. Quando as luzes são acendidas, vê-se que é Chopin que assim tomou de assalto o caminho da glória.

No idílico retiro de Nohant, o enamorado Chopin, compõe para a sua amada - George Sand - o *Estudo em Mi Maior* que é o tema do filme. Depois, enquanto ela trabalha em seu escritório êle executa o *Noturno em Mi Bemol*, que a seguir envia a Pleyel para ser publicado. Quando Elsner vai a Nohant e tenta falar a seu discípulo que se afastou do mundo, escravizado por seu amor a George Sand, essa trata duramente o velho professor. Chopin - que se recusa a receber o amigo - toca então a *Berceuse*.

A série de concertos dados por Chopin em várias cidades da Europa a fim de levantar fundos para ajudar a libertação de sua Pátria, a Polônia, é representada por uma montagem musical feita com partes do *Estudo em Lá Menor*, a *Balada em Lá Bemol*, a *Valsa em Lá Bemol*, o *Estudo Revolucionário*, o *Scherzo em Si Bemol* e a *Polonesa em Lá Bemol*.

CORNEL WILDE
na interpretação de
FREDERIC CHOPIN

MERLE OBERON
na interpretação de
GEORGE SAND

ÍNDICE

	Pag.
Noturno, Op. 9, N. 2	2
Valsa (Valsa do Minuto), Op. 64, N. 1	5
Polonaise - La maior, Op. 40, N. 1	9
Valsa do Adeus, Op. 69, N. 1 (Póstumo)	13
Estudo Revolucionário (Dó menor), Op. 10, N. 12	17
Fantaisie - Impromptu, Op. 66, (Póstumo)	23
7.ª Valsa (Dó sustenido menor), Op. 64, N. 2	35
Valsa, Op. 70 (Póstumo)	41
15.º Prelúdio - Gota d'agua, Op. 28	44
16.º Prelúdio, Op. 28	46
Première Ballade, Op. 23	50
Scherzo. Op. 31	65
Berceuse, Op. 57	82
Valsa, Op. 42	88
Estudo (Tristesse), Op. 10, N. 3	96
Polonaise - La bemol, Op. 53	100

Noturno
Op. 9, No 2

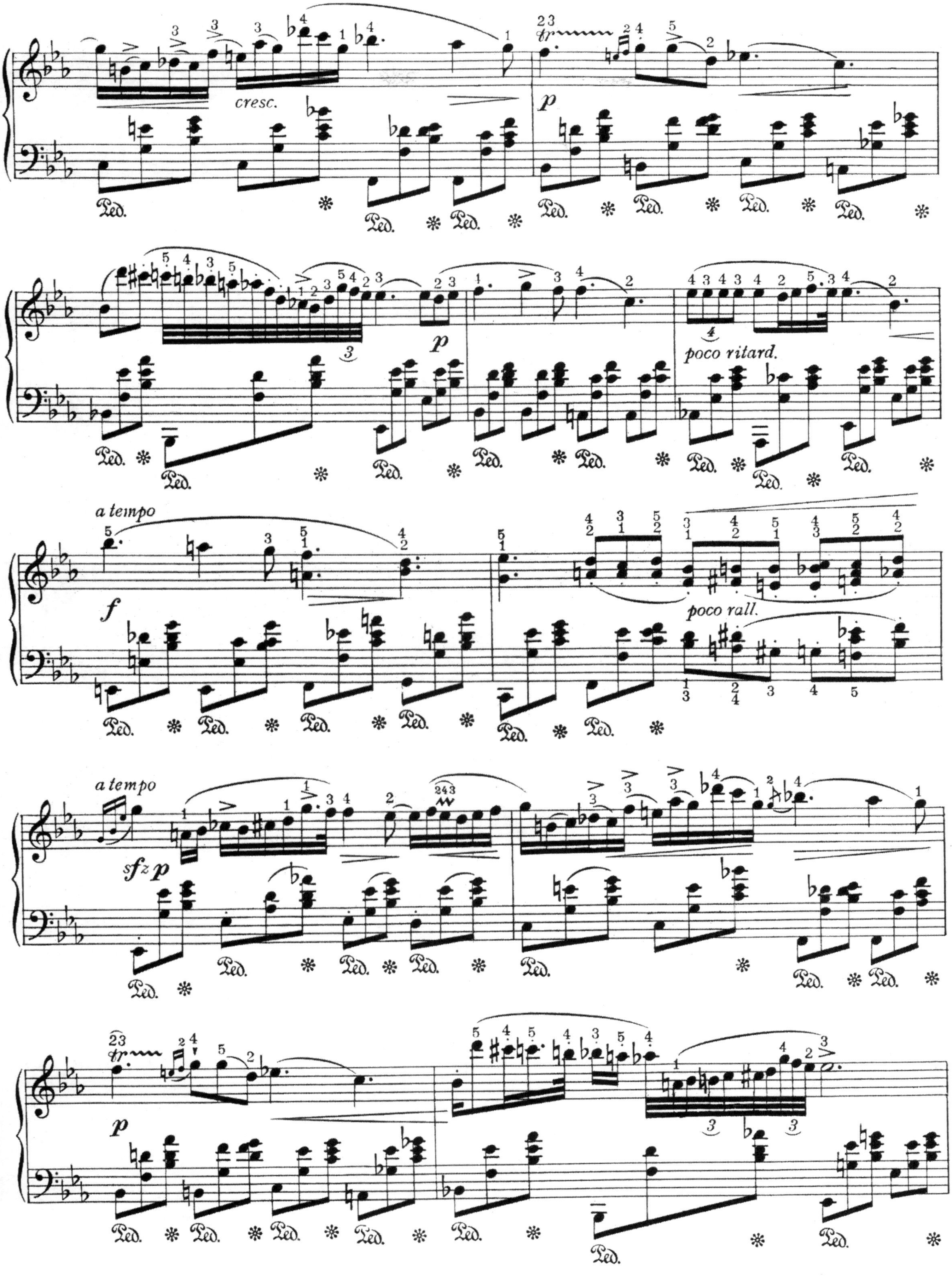
cresc.
p
Ped.
poco ritard.
a tempo
f
poco rall.
a tempo
sfz p
p

p
pp
poco rubato
sempre
pp
dolcissimo
p
con forza
stretto
ff senza tempo
cresc.
f
dim.
rall. e smorz.
a tempo
pp
ppp

Valsa
(Valsa do minuto)

Op. 64 - Nº 1

Revisão de Miguel Izzo

mais p

mais calmo

com expressão

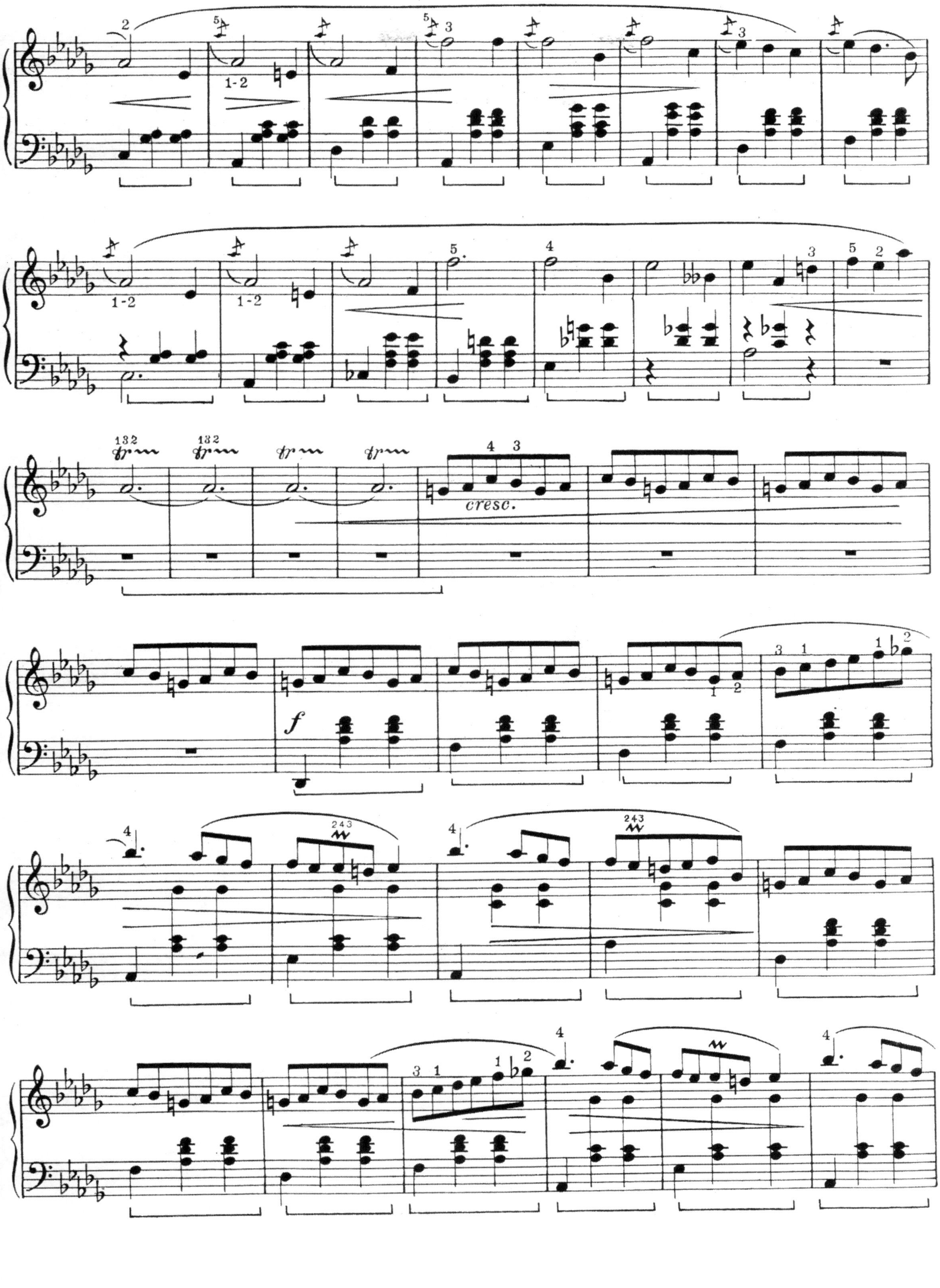
cresc.

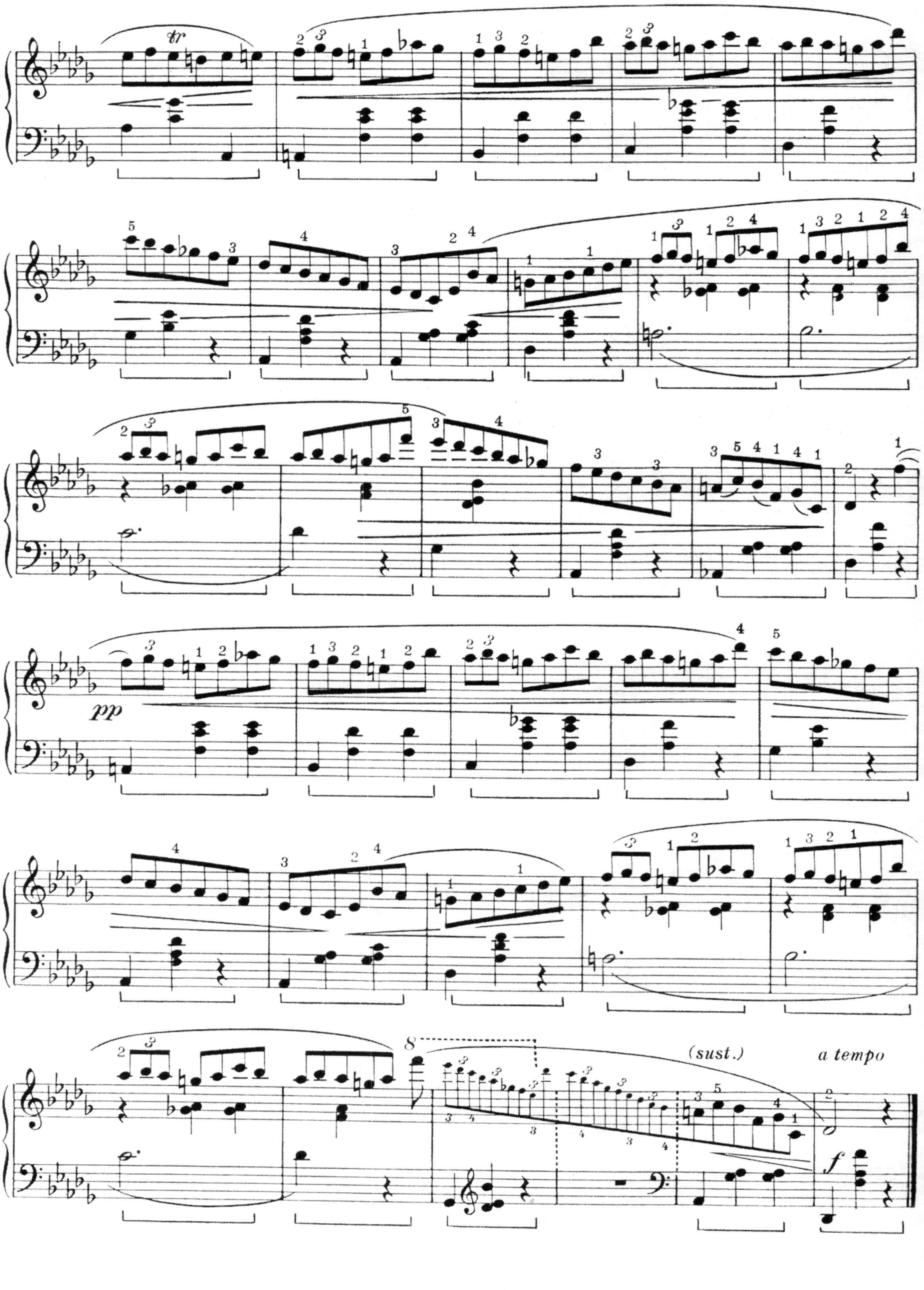
tr
pp
8
(sust.)
a tempo
f

Polonaise
La maior - Op. 40, Nº 1

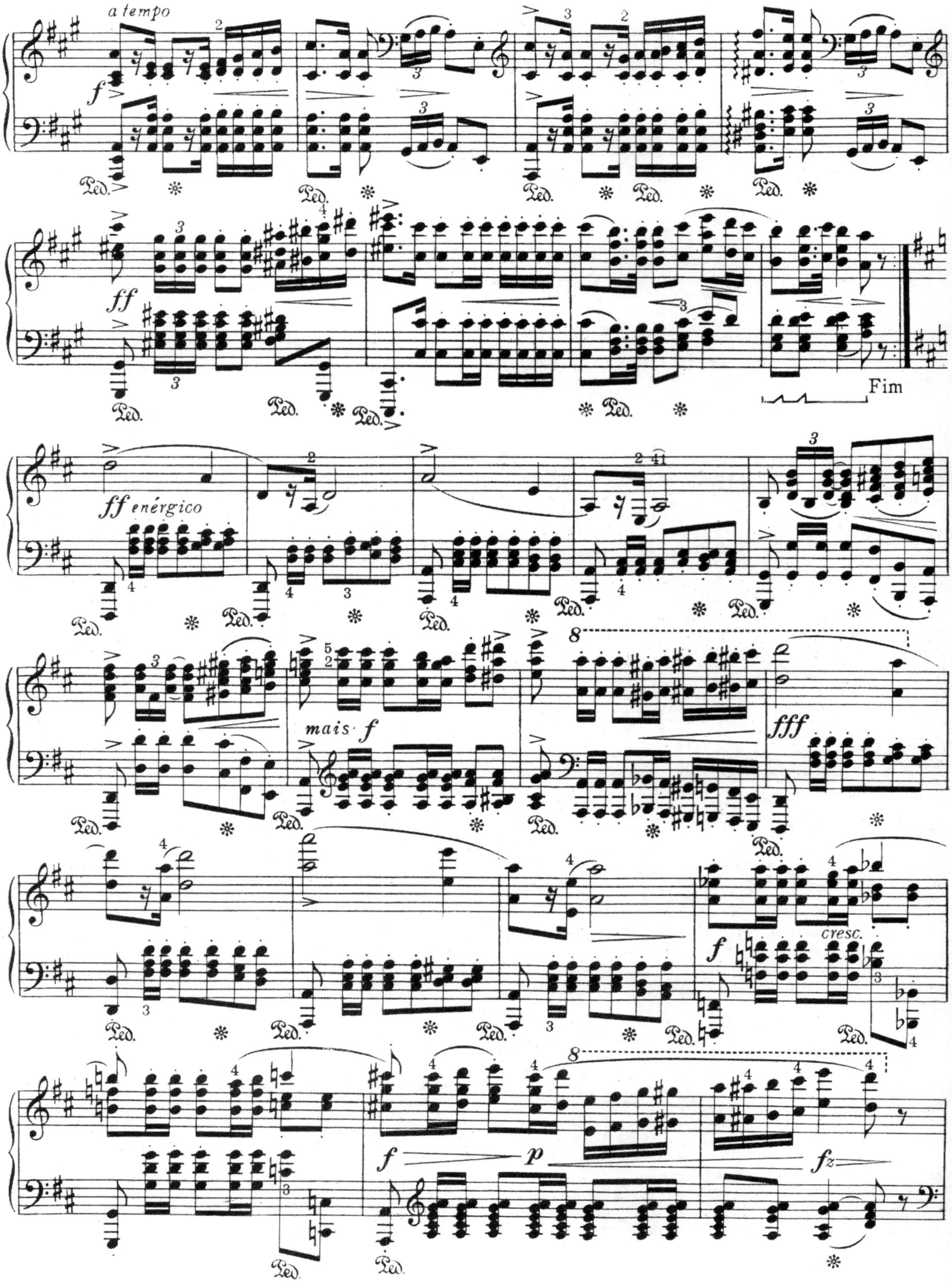
a tempo
ff
Fim
ff enérgico
mais f
fff
cresc.
Ped.

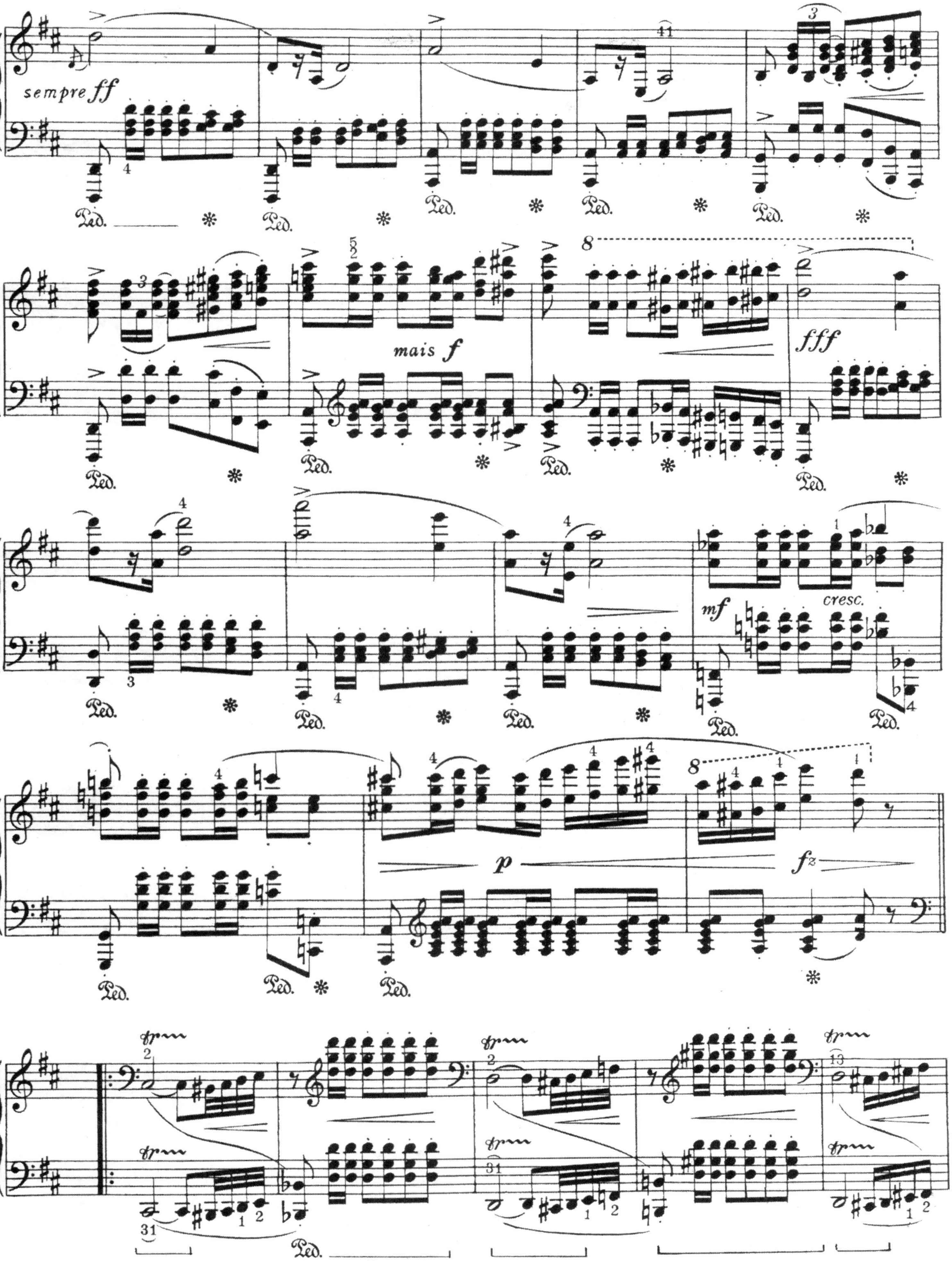
sempre ff
mais f
fff
mf
cresc.
p
fz
Ped.

D.C. Ao Fim sem repetição

Valsa do Adeus

Op. 69, No 1 - Op. póst.

con anima
giocoso
p
riten
a tempo
con forza
f
p
riten.
1.
2.
a tempo
Ped.

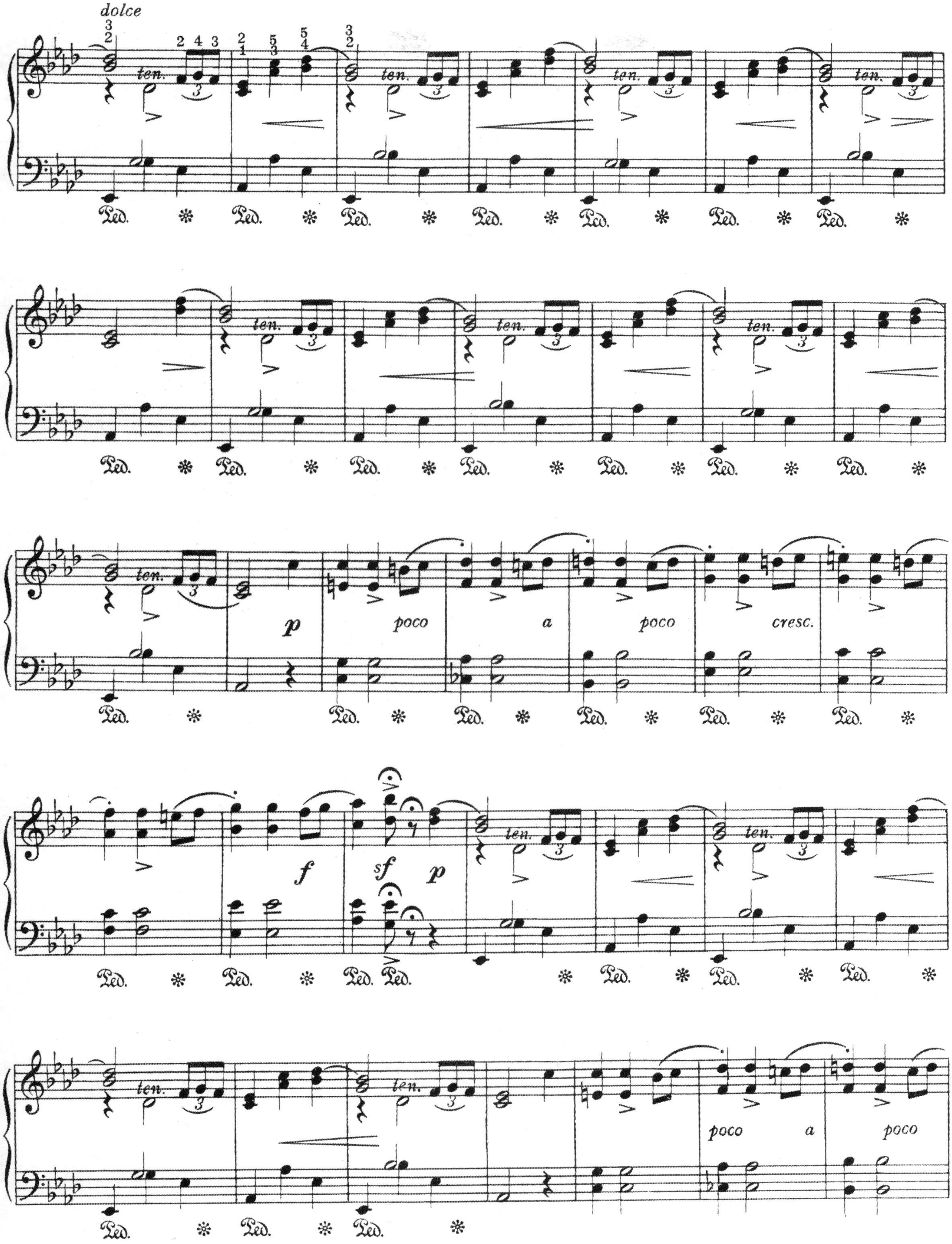
dolce
ten.
p
poco
a
poco
cresc.
f
sf
p
poco
a
poco

Estudo Revolucionário
(DÓ MENOR)
Op. 10 - Nº 12

Revisão de Mario Nielsen

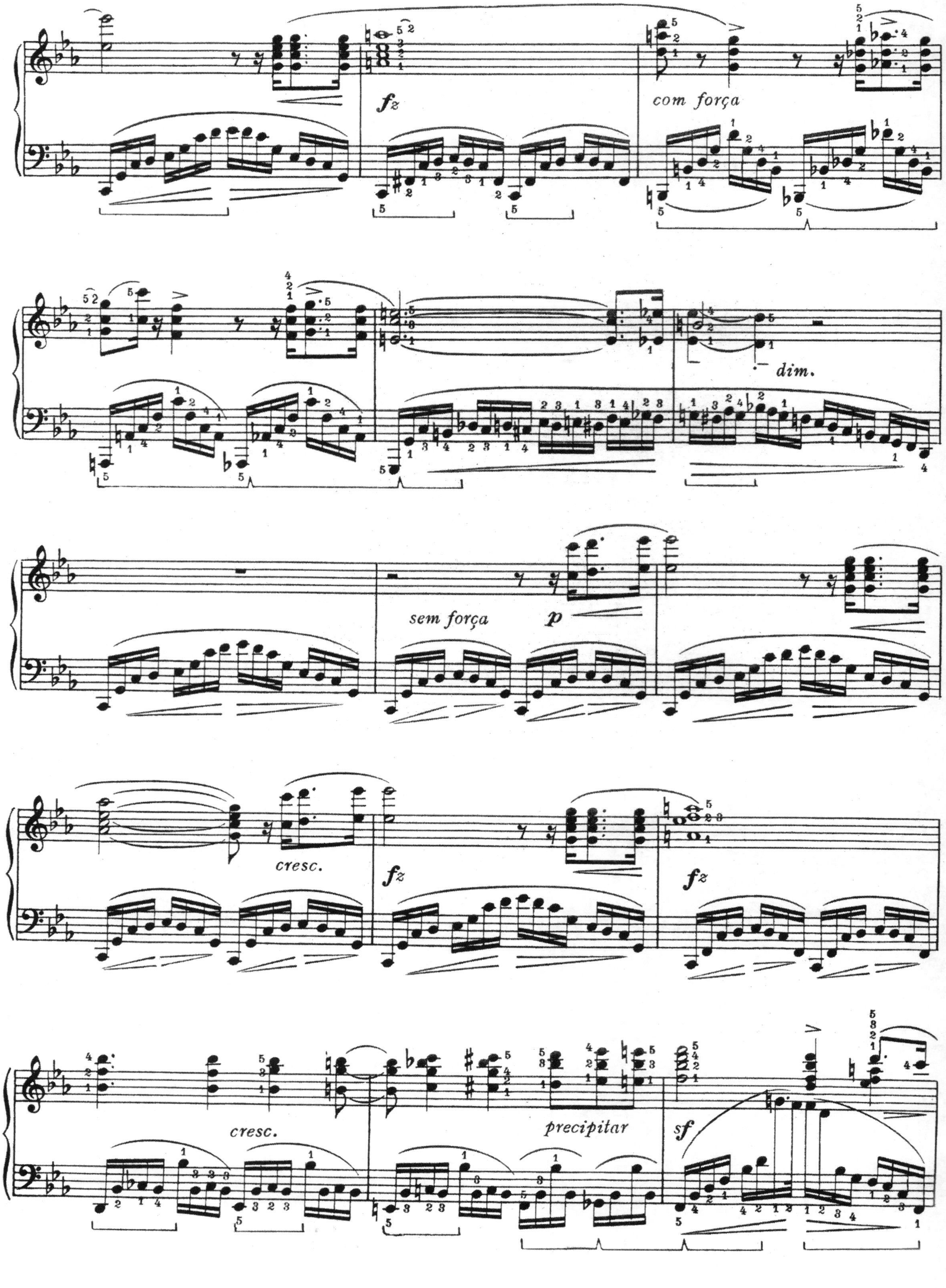
fz
com força
dim.
sem força
p
cresc.
fz
fz
cresc.
precipitar
sf

19

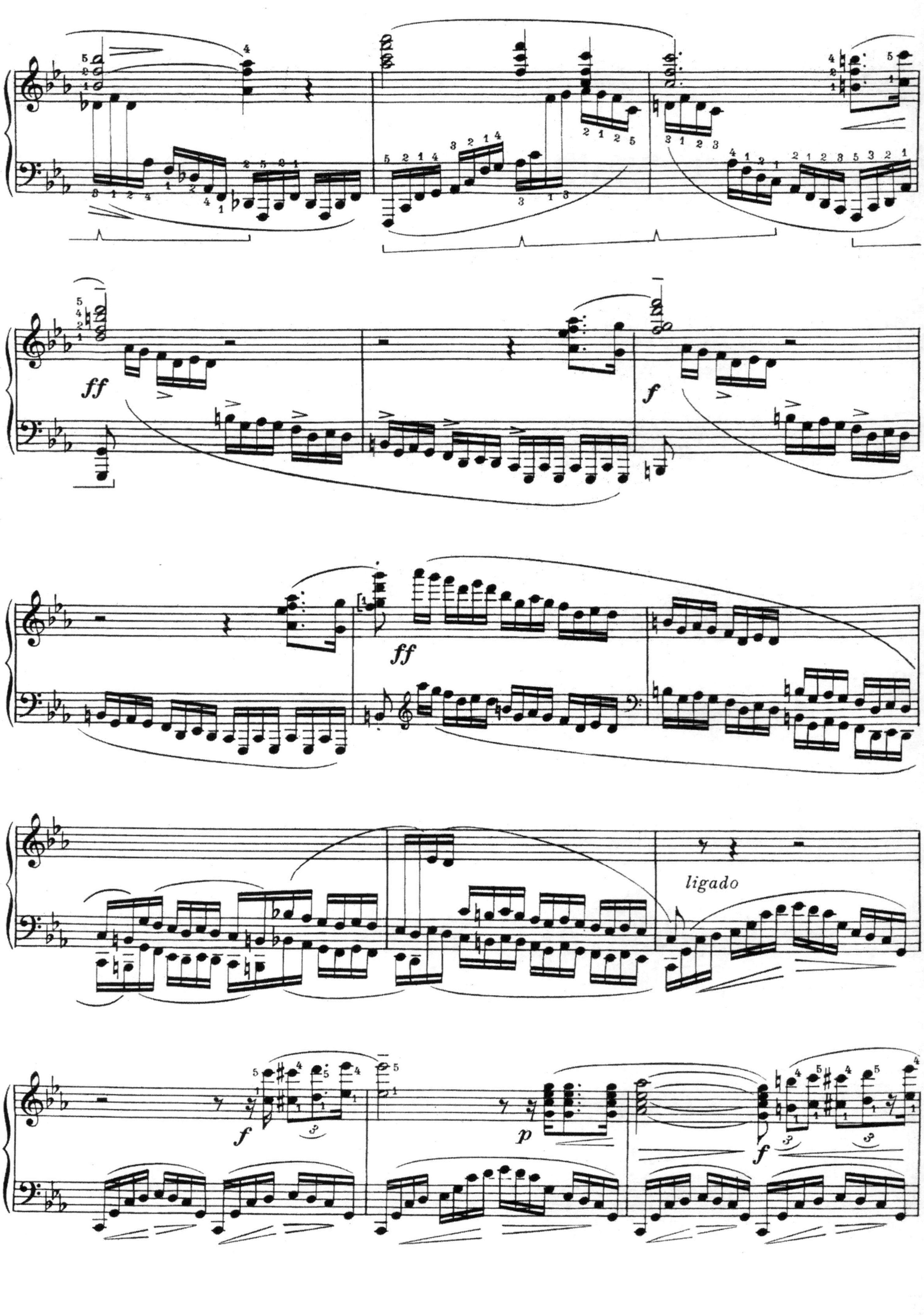
ff
f
ff
ligado
f
p
f

21

fz p
p
retendo
e
desigual
desaparecendo
sem força
a tempo
pp
sem força
retendo pouco
pp
p
ff e apaixonadamente
ret.
fff
a tempo

Fantaisie - Impromptu
(Fantasia - Improviso)
Op. 66 *(póstumo)* (1)

Revisão de Mario Nielsen

(1) Composta em 1834. Publicada por Fontana em 1855.

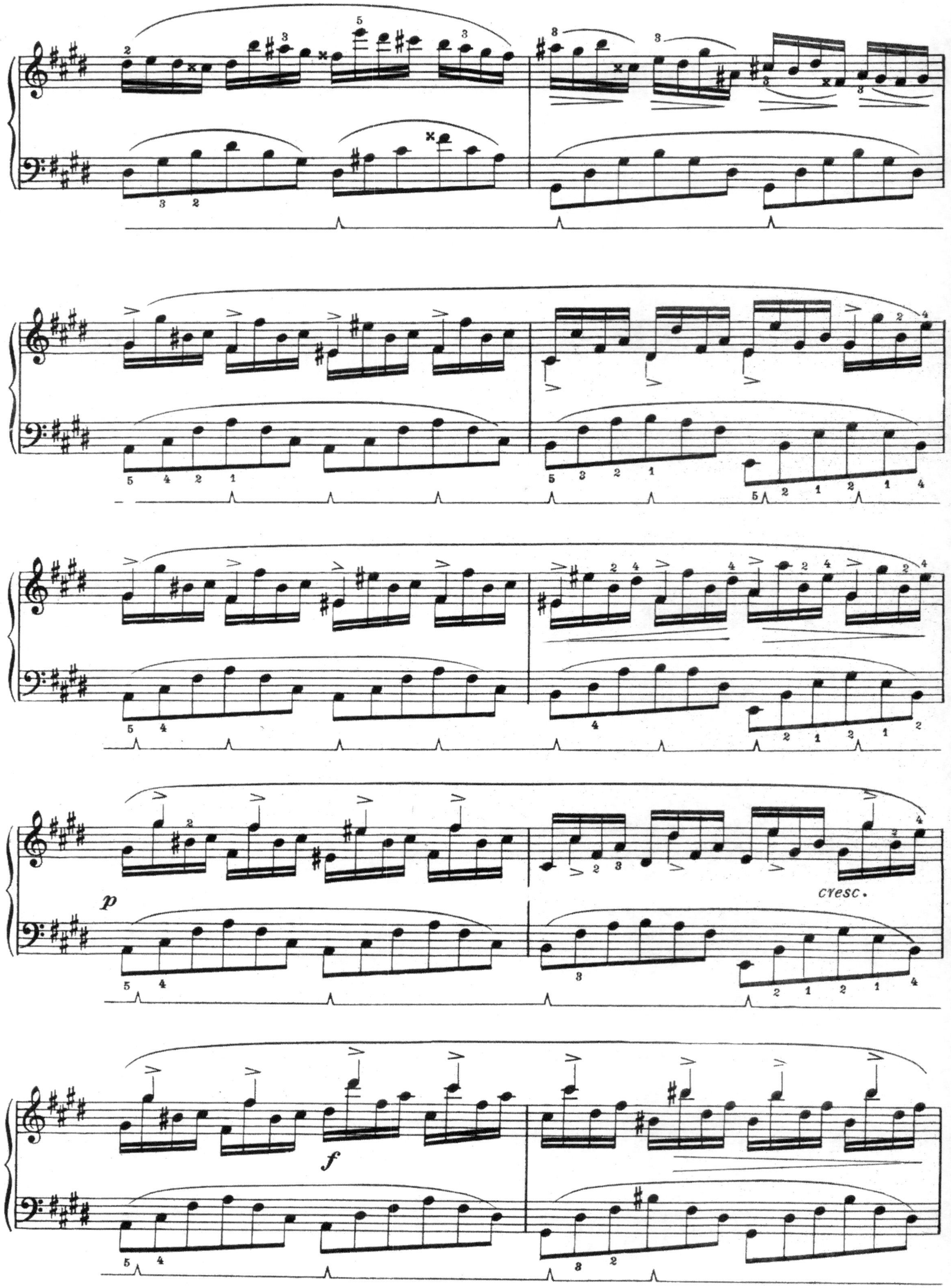
cresc.

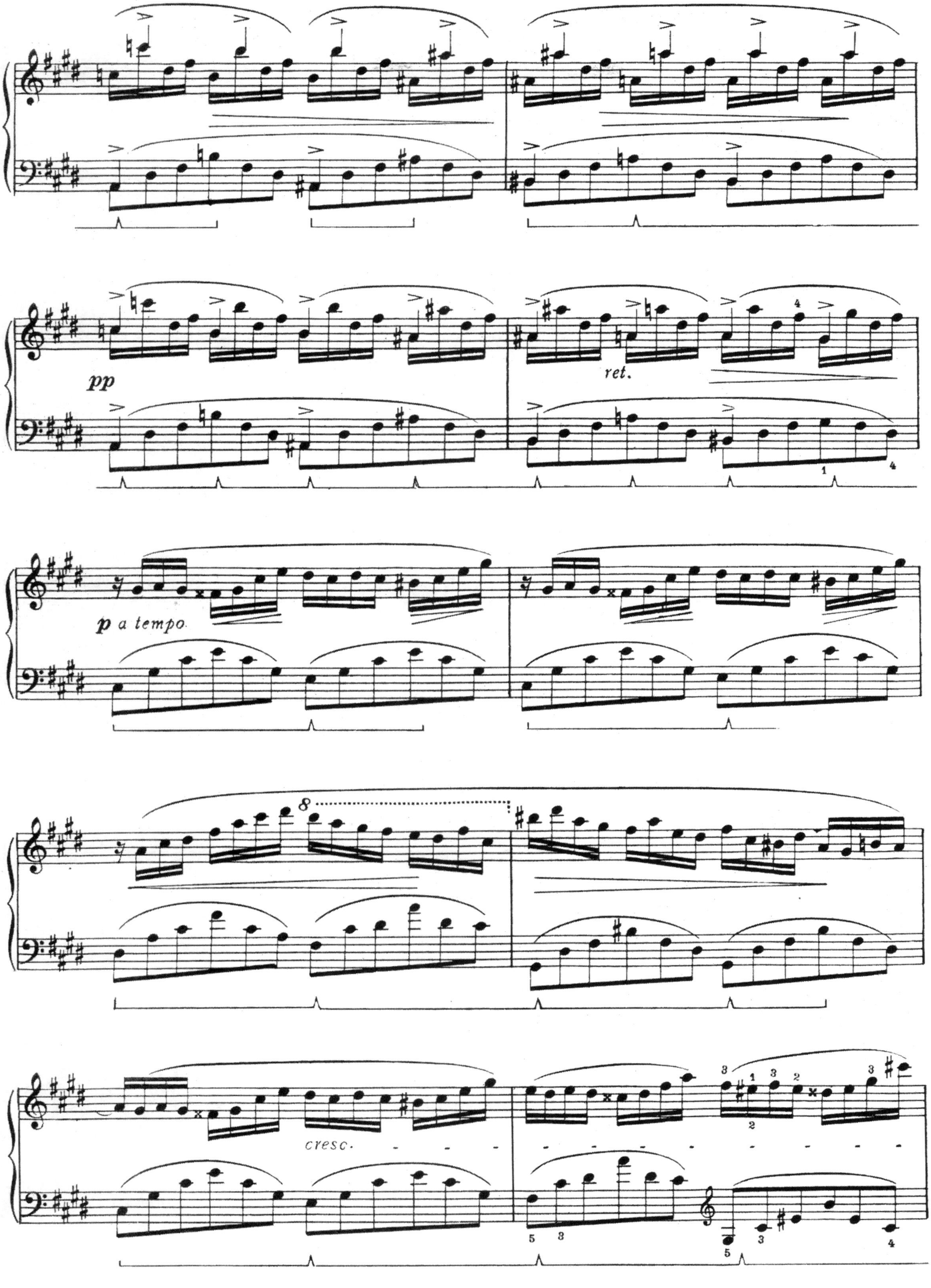
pp
ret.
p a tempo
8
cresc.

cresc. sempre.
(com preparação lenta e precipitando depois)
f
sff
ff
ret.

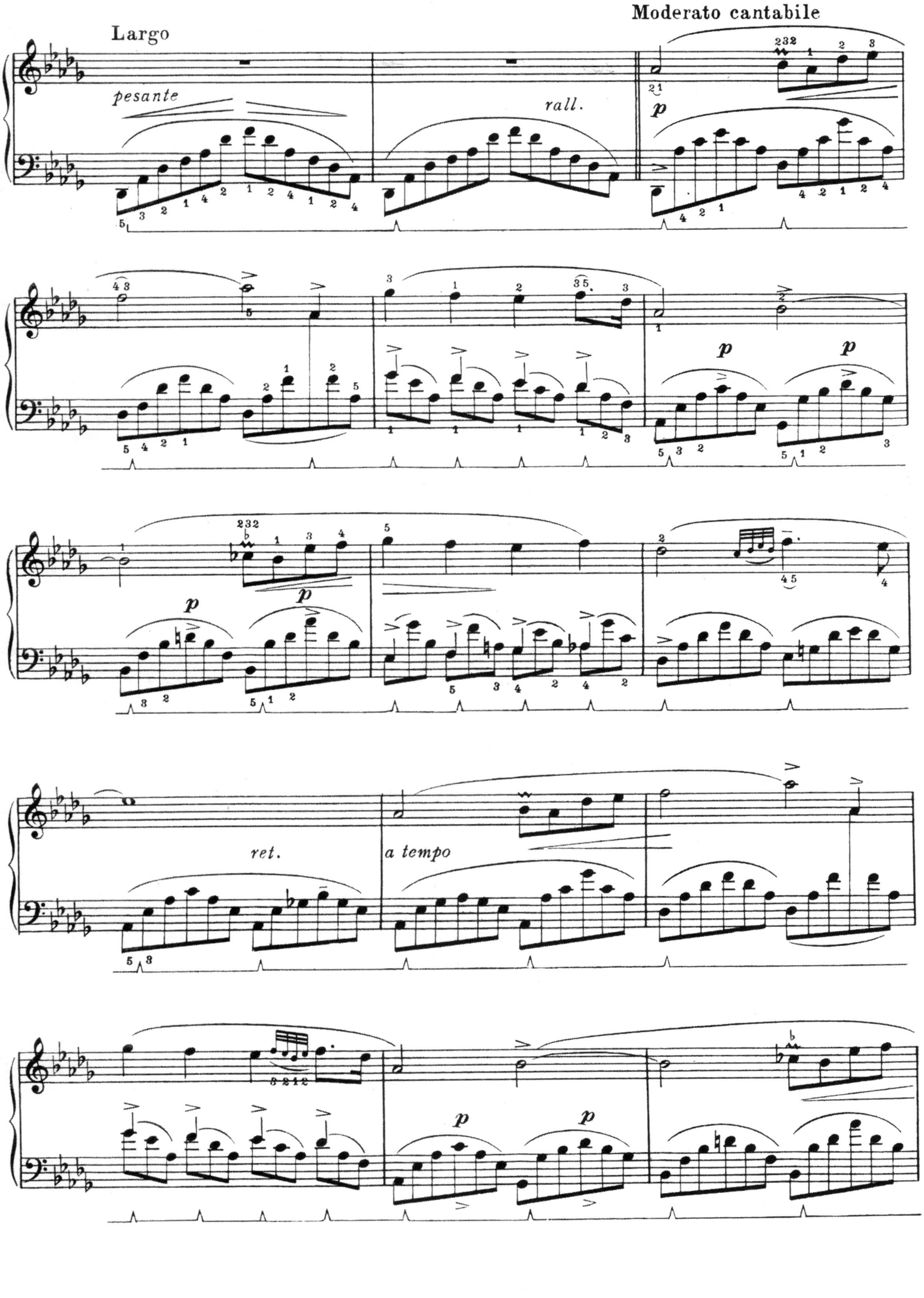
Largo
Moderato cantabile
pesante
rall.
p
ret.
a tempo

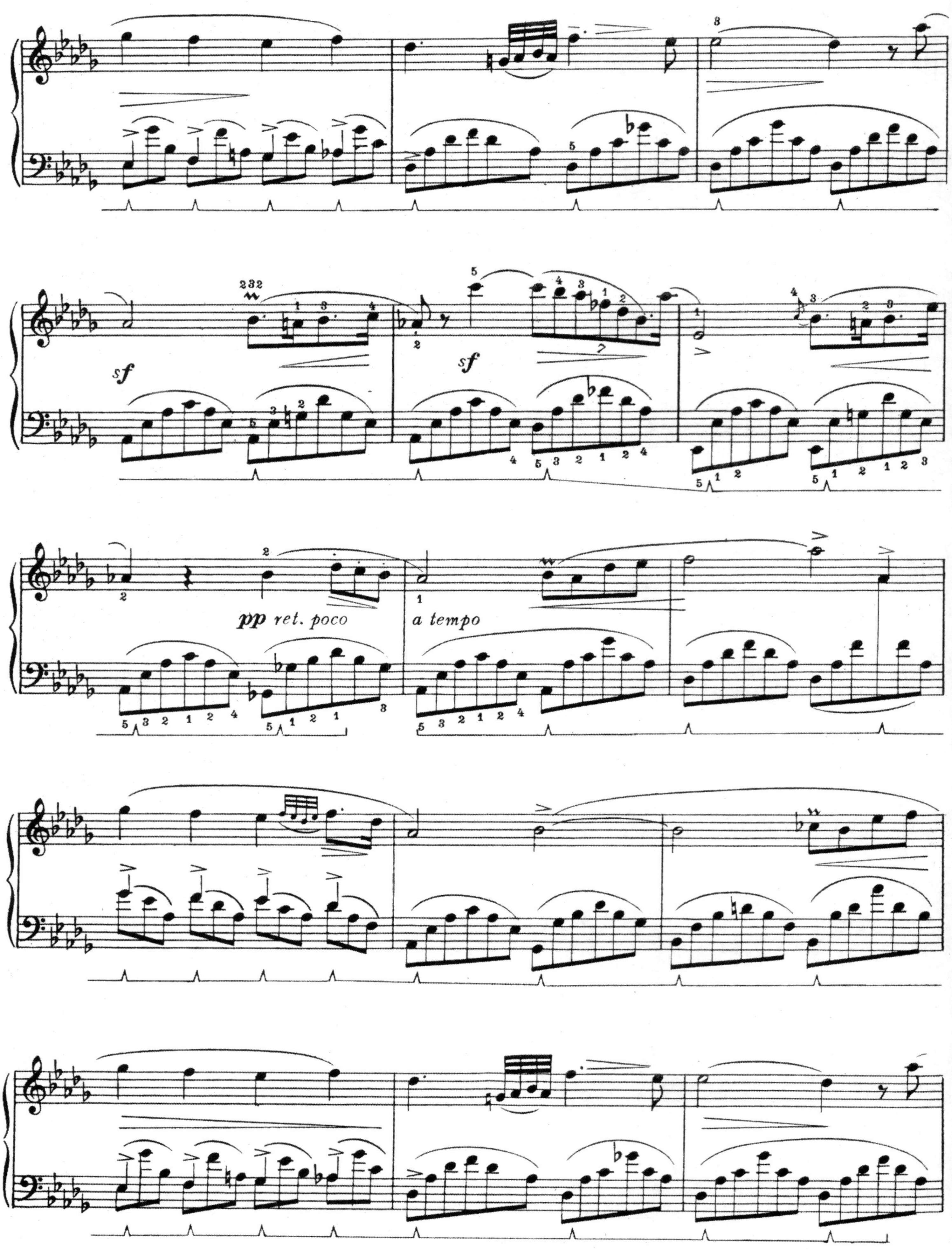
sf
sf
pp ret. poco
a tempo

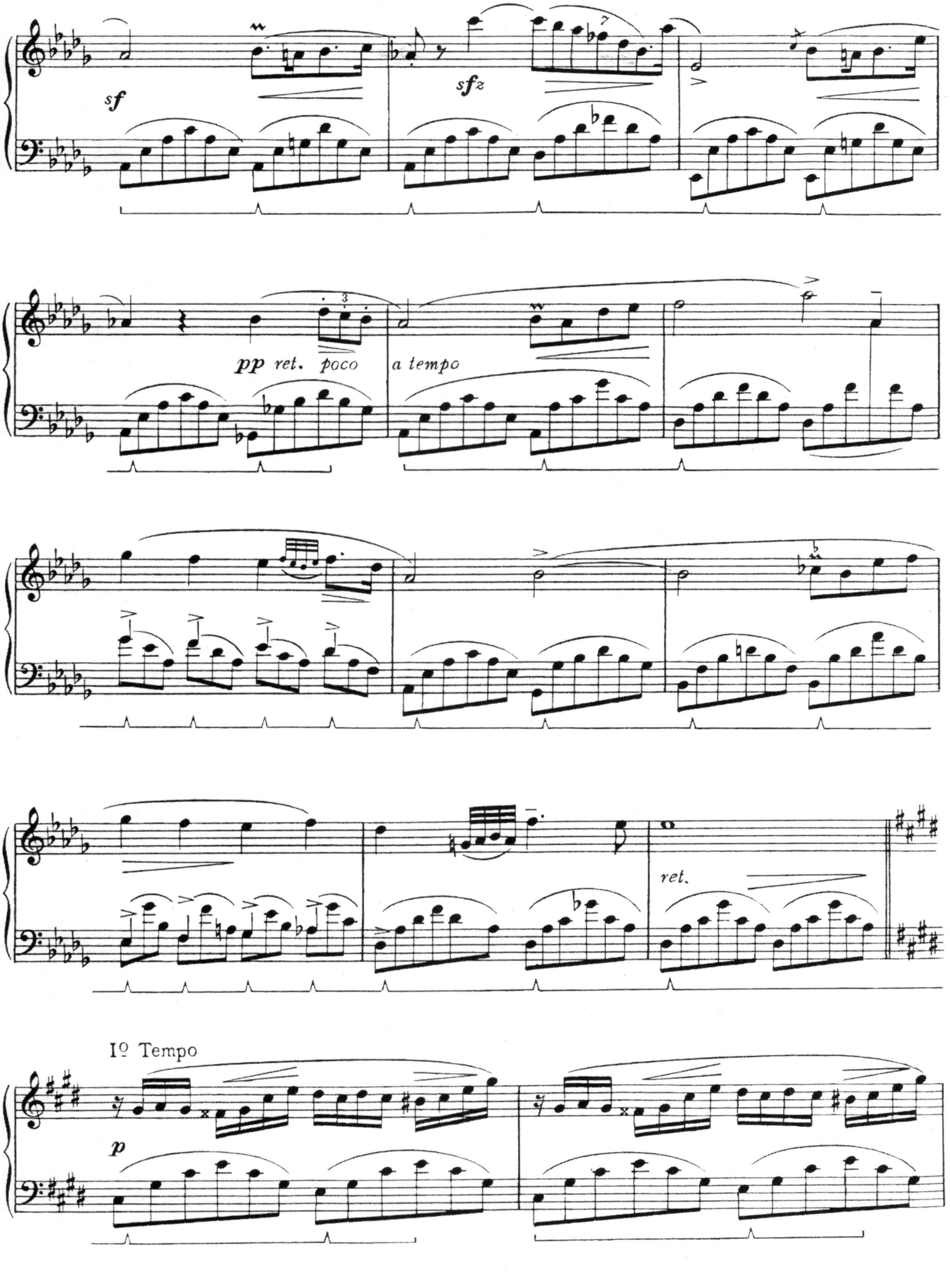
sf
sfz
pp ret. poco
a tempo
ret.
Iº Tempo
p

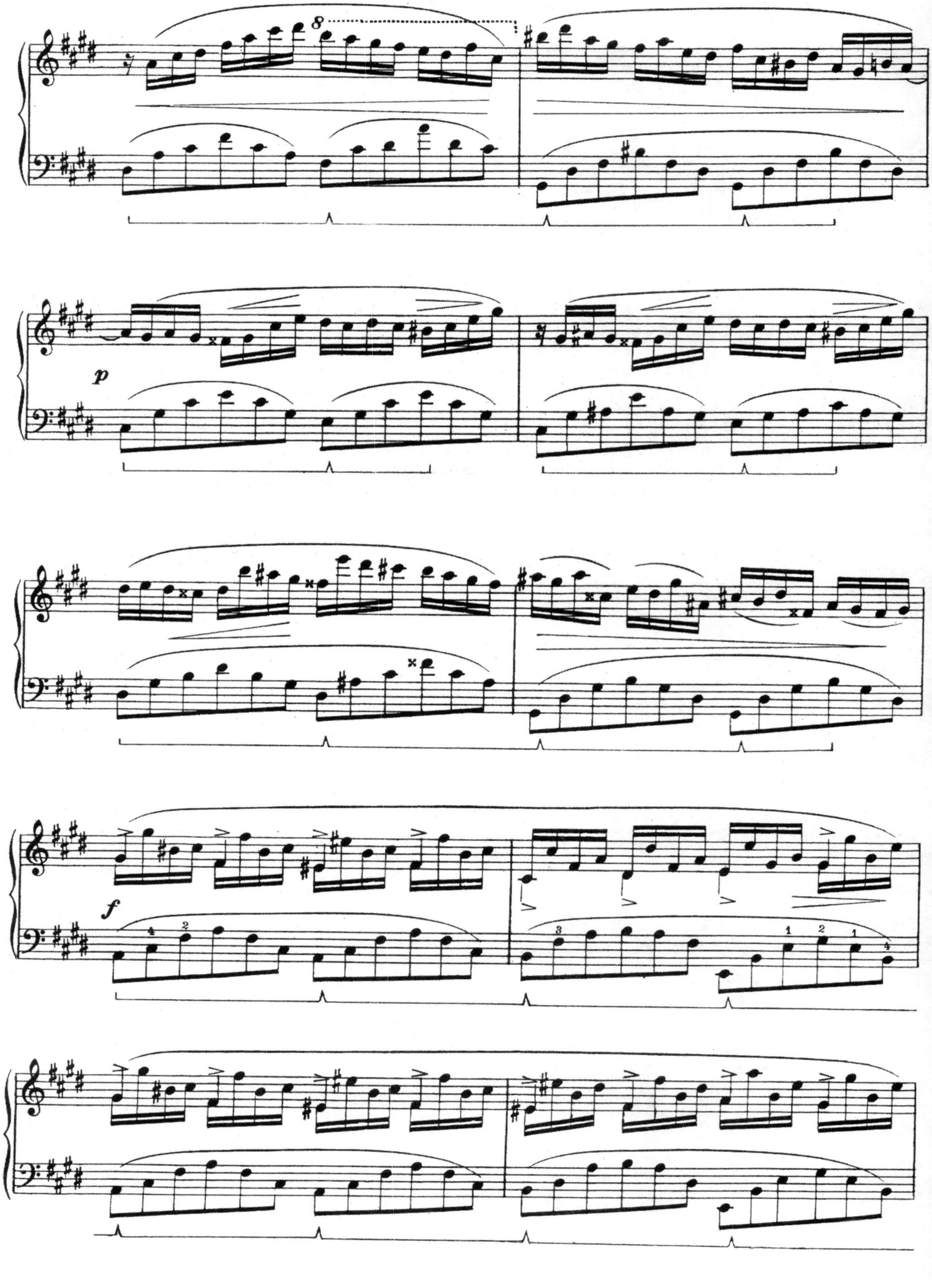
8
p
f

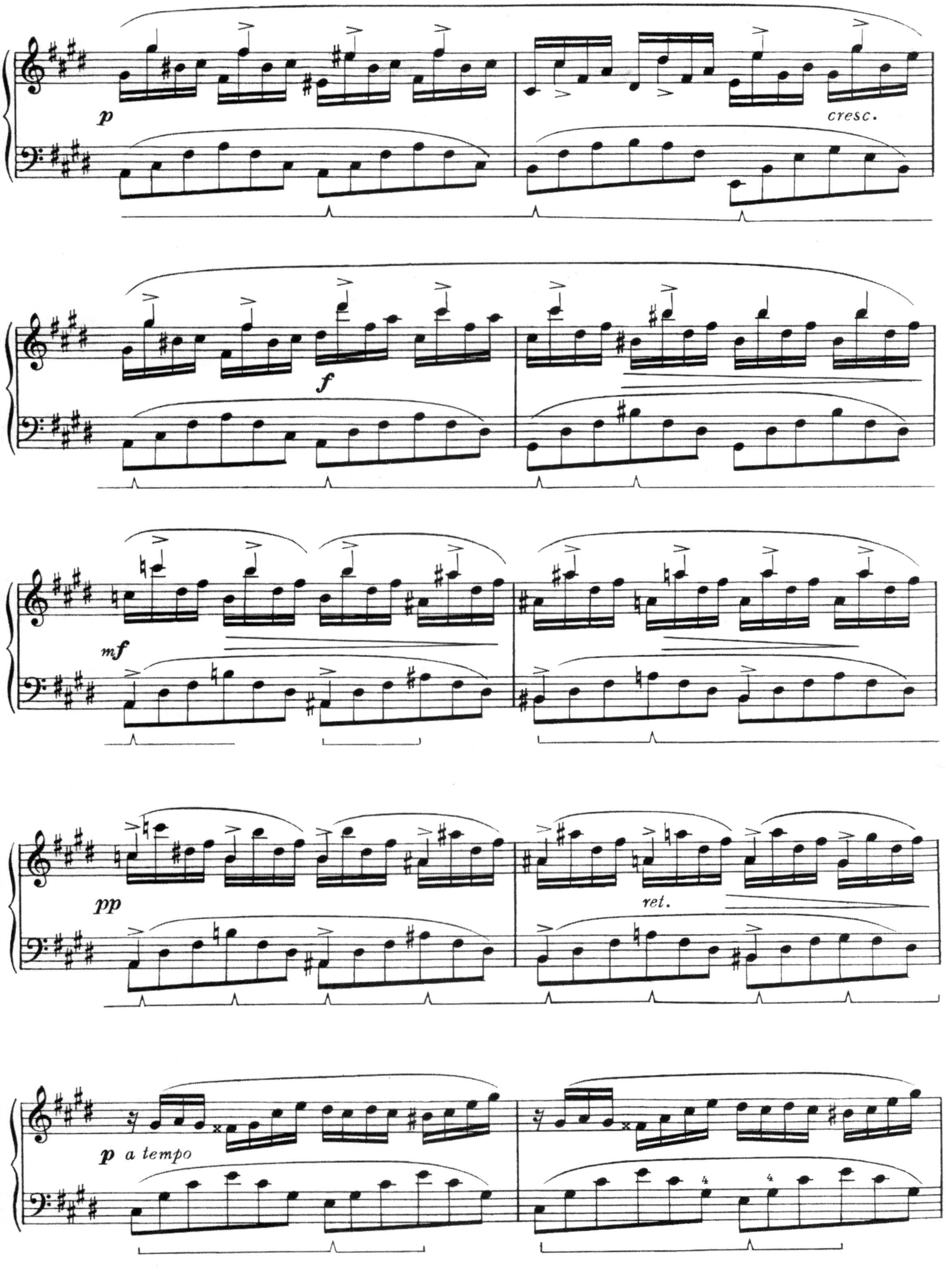
p
cresc.
f
mf
pp
ret.
p a tempo

(com preparação lenta e precipitando depois)

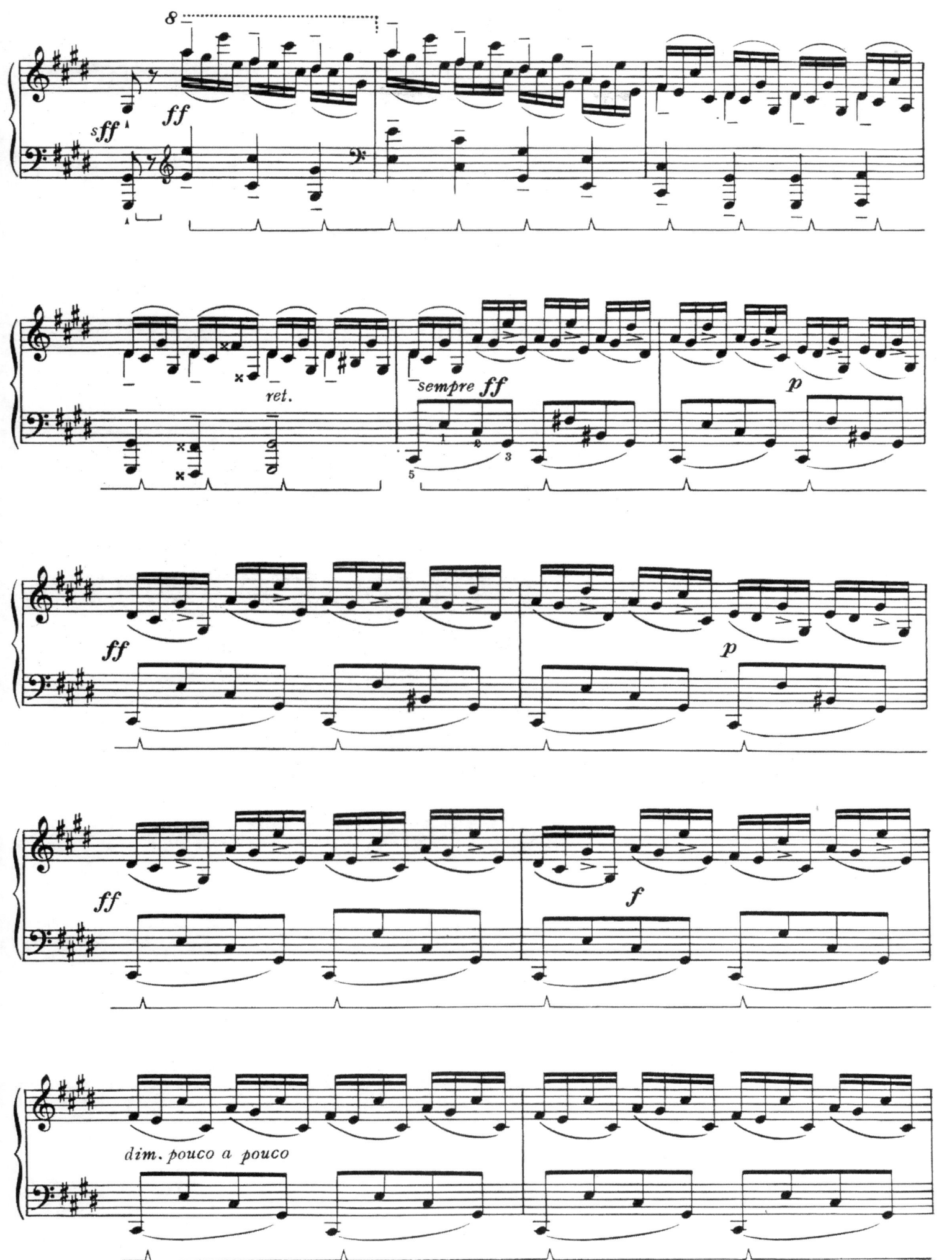
8
sff
ff
ret.
sempre ff
p
ff
p
ff
f
dim. pouco a pouco

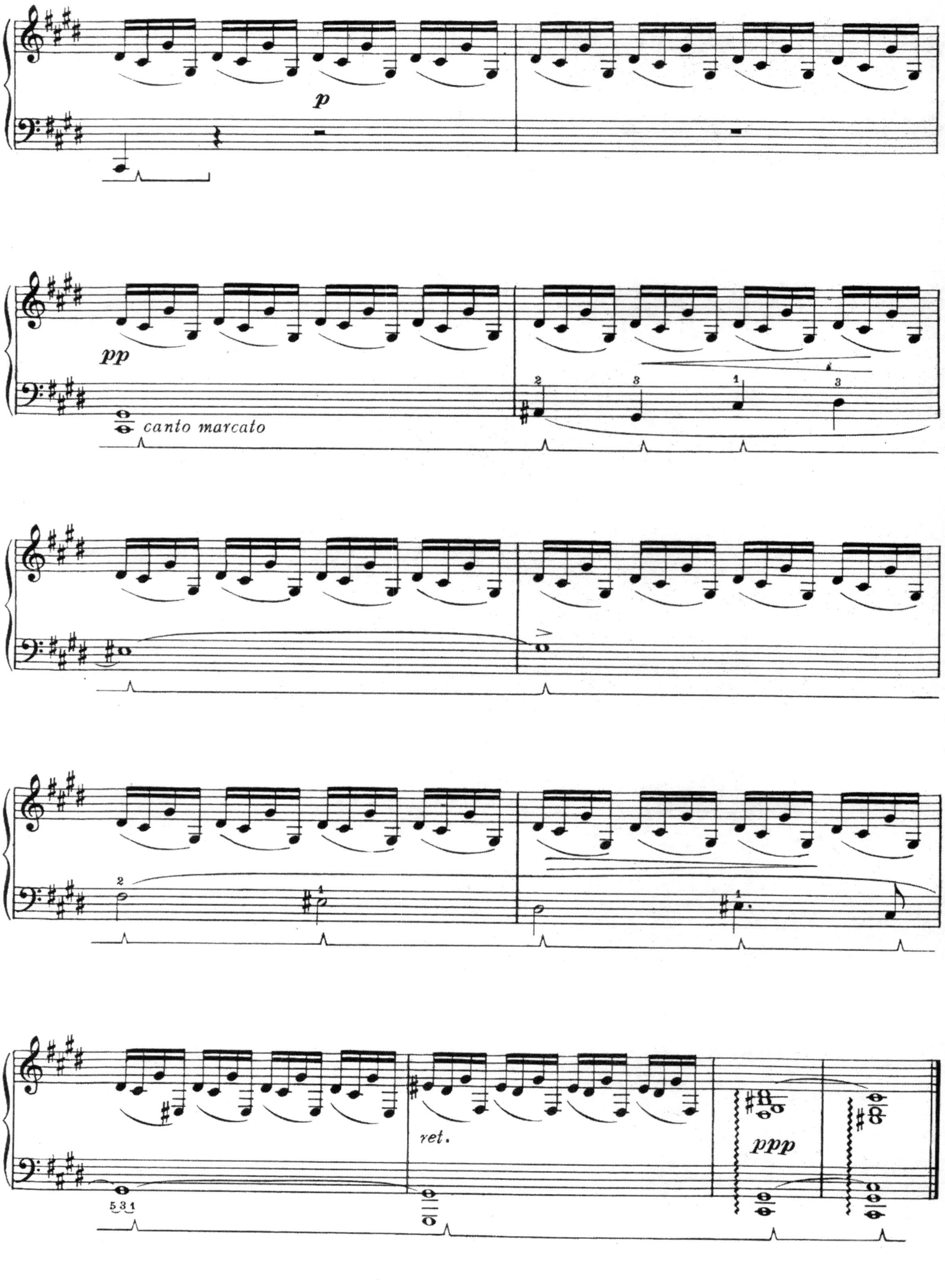
p
pp
canto marcato
ret.
ppp

7ª Valsa

(Do ♯ menor)

Op. 64, Nº 2

Poco più vivo

Piú lento

poco ritenuto

Più mosso

Poco più vivo

2ᵒ Ped. *pp*

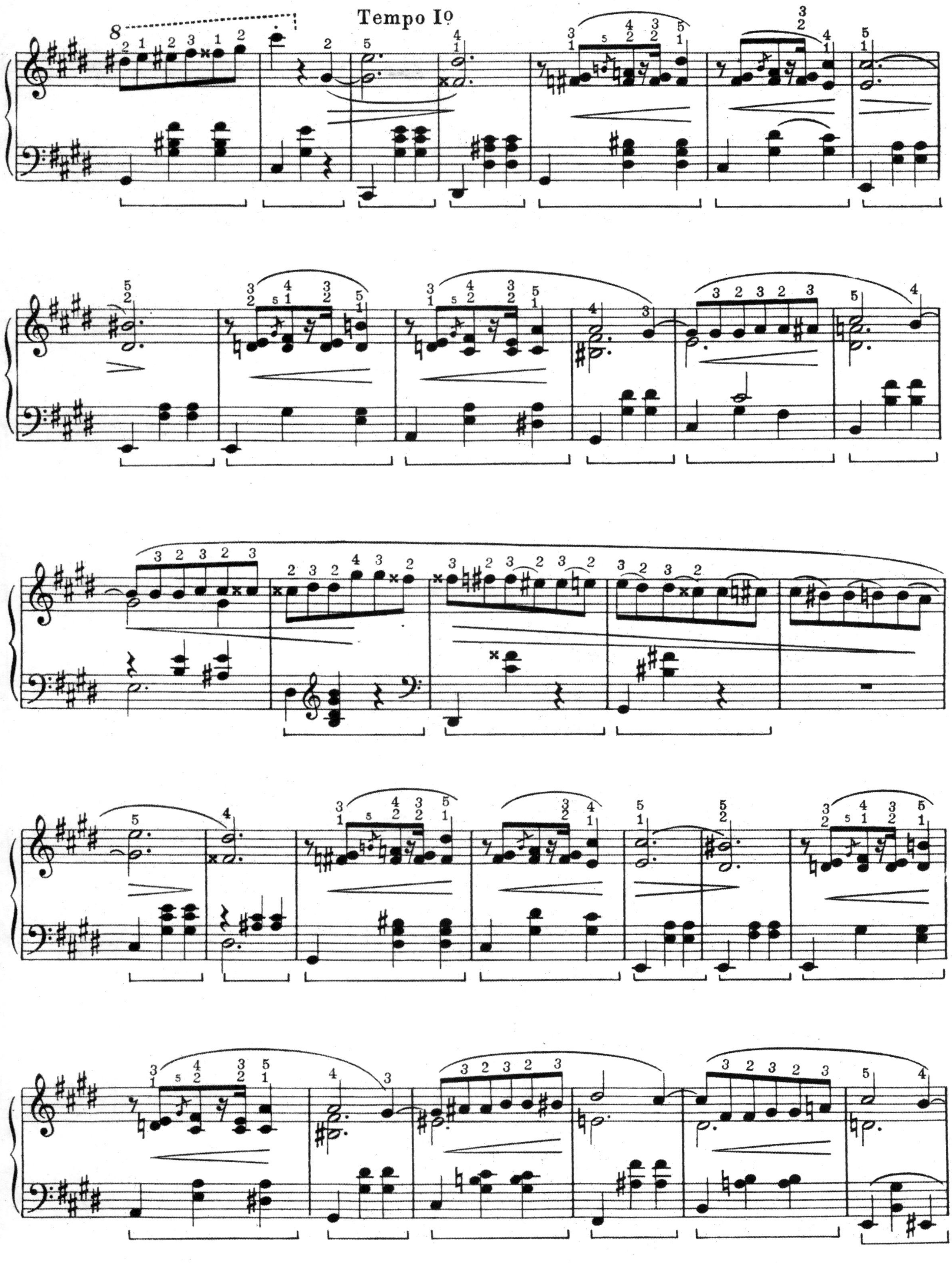
Tempo I°

Più vivo

poco rit.

Valsa

Op. 70, N°. 1 (post.)

Meno mosso. ♩=126-132.

cantabile
p

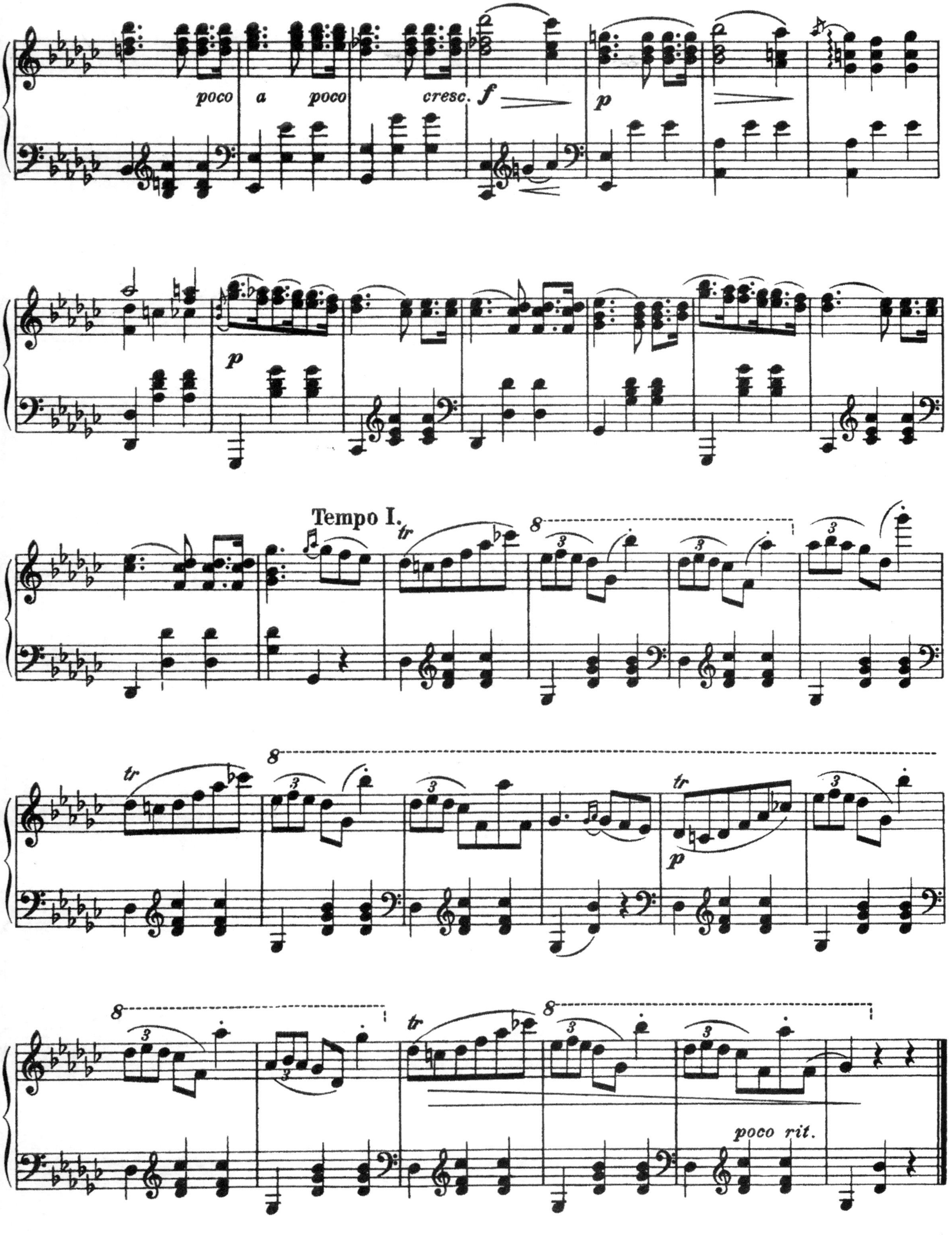
poco a poco cresc.
f
p
p
Tempo I.
tr
8
tr
8
p
8
tr
8
poco rit.

15º PRELÚDIO

GOTA D'AGUA

Op. 28

F. CHOPIN
(1810 - 1849)

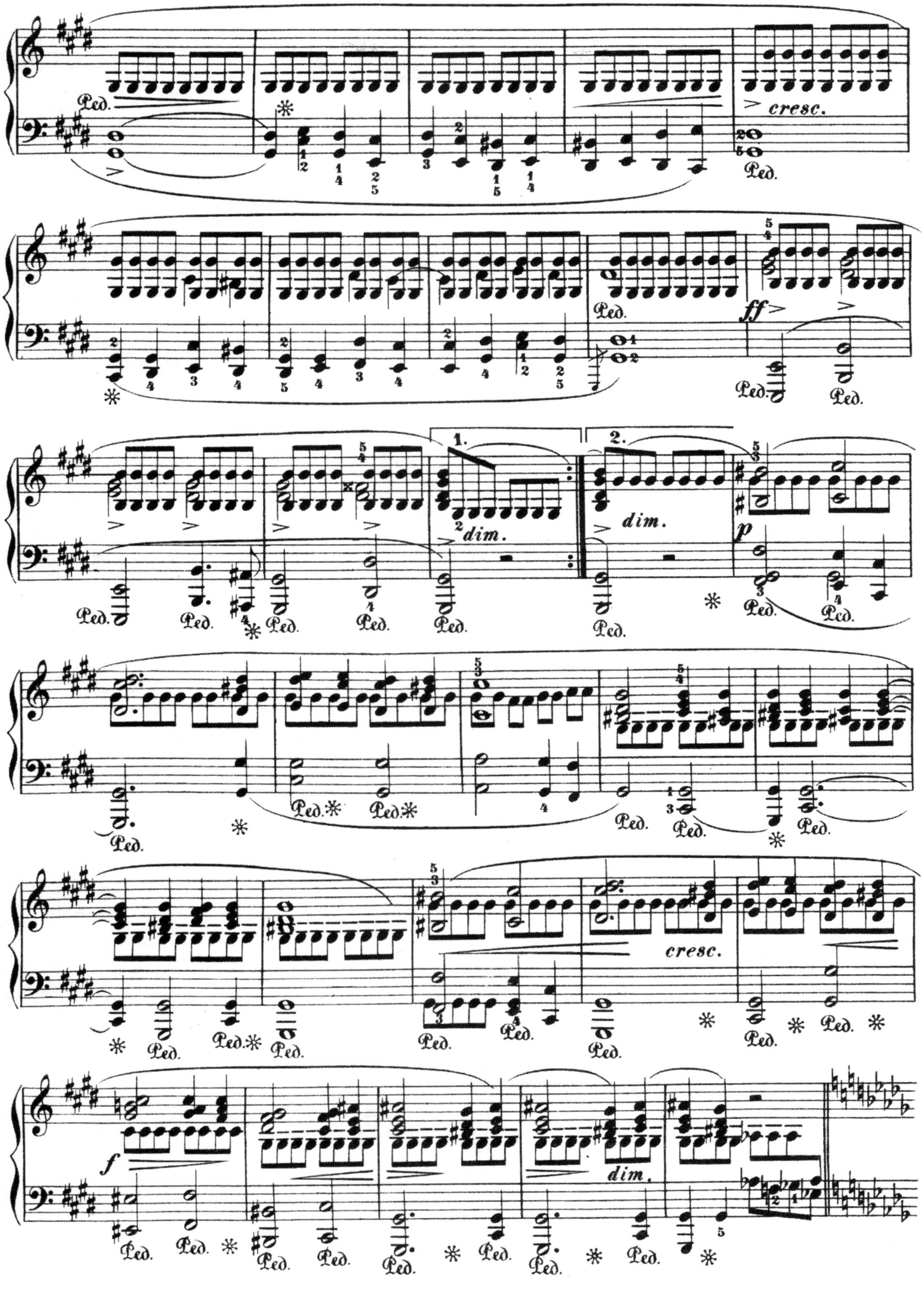
Ped.
cresc.
ff
1.
2.
dim.
p
f

16º PRELÚDIO
Op. 28

Presto con fuoco. (♩ = 160.)

47

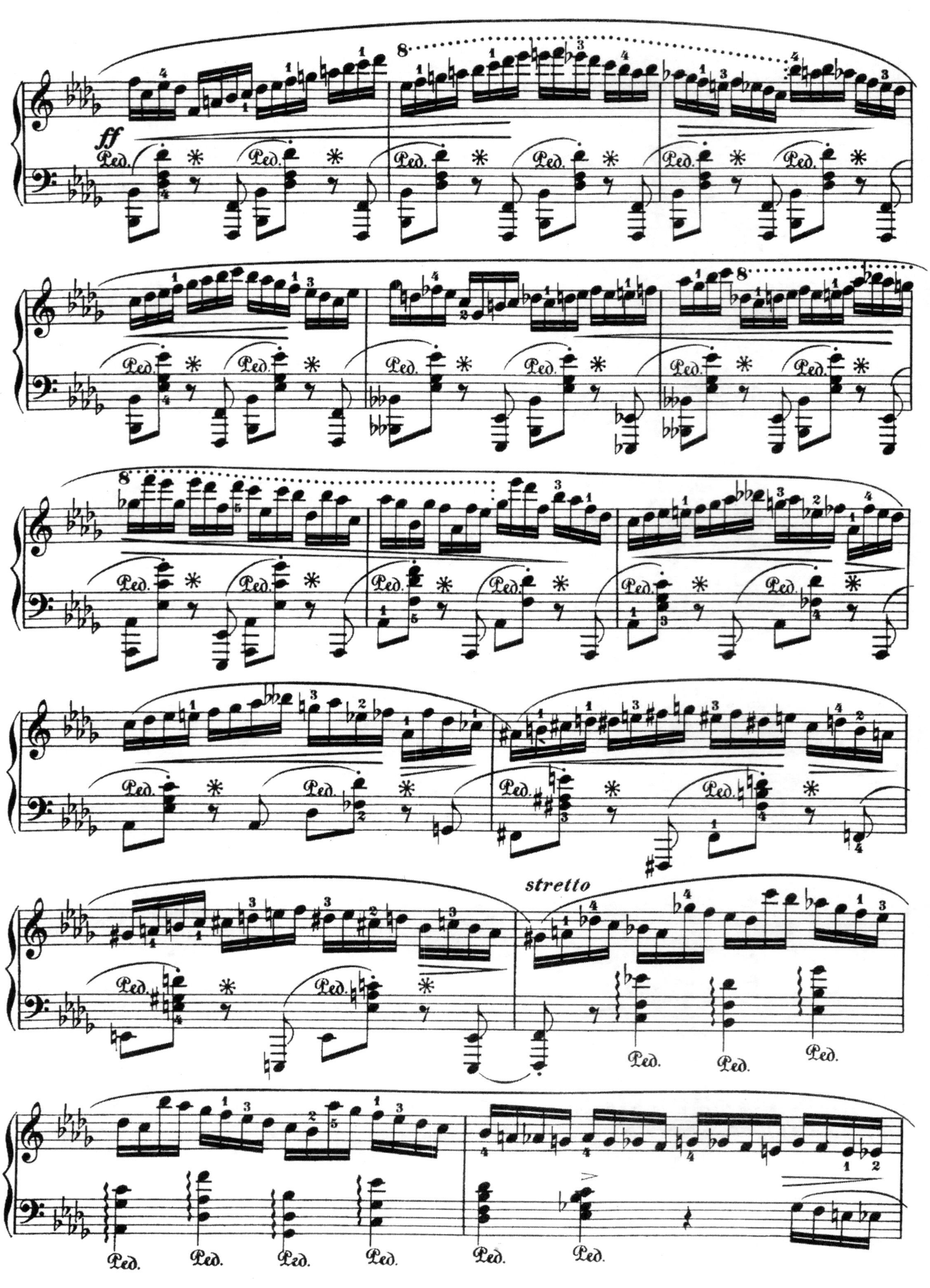
ff
Ped.
stretto

sempre più animato

à Mr. le Baron de Stockhausen

Première Ballade

Revised, edited and fingered by
Rafael Joseffy

F. Chopin. Op. 23

In some editions:
In manchen Ausgaben:

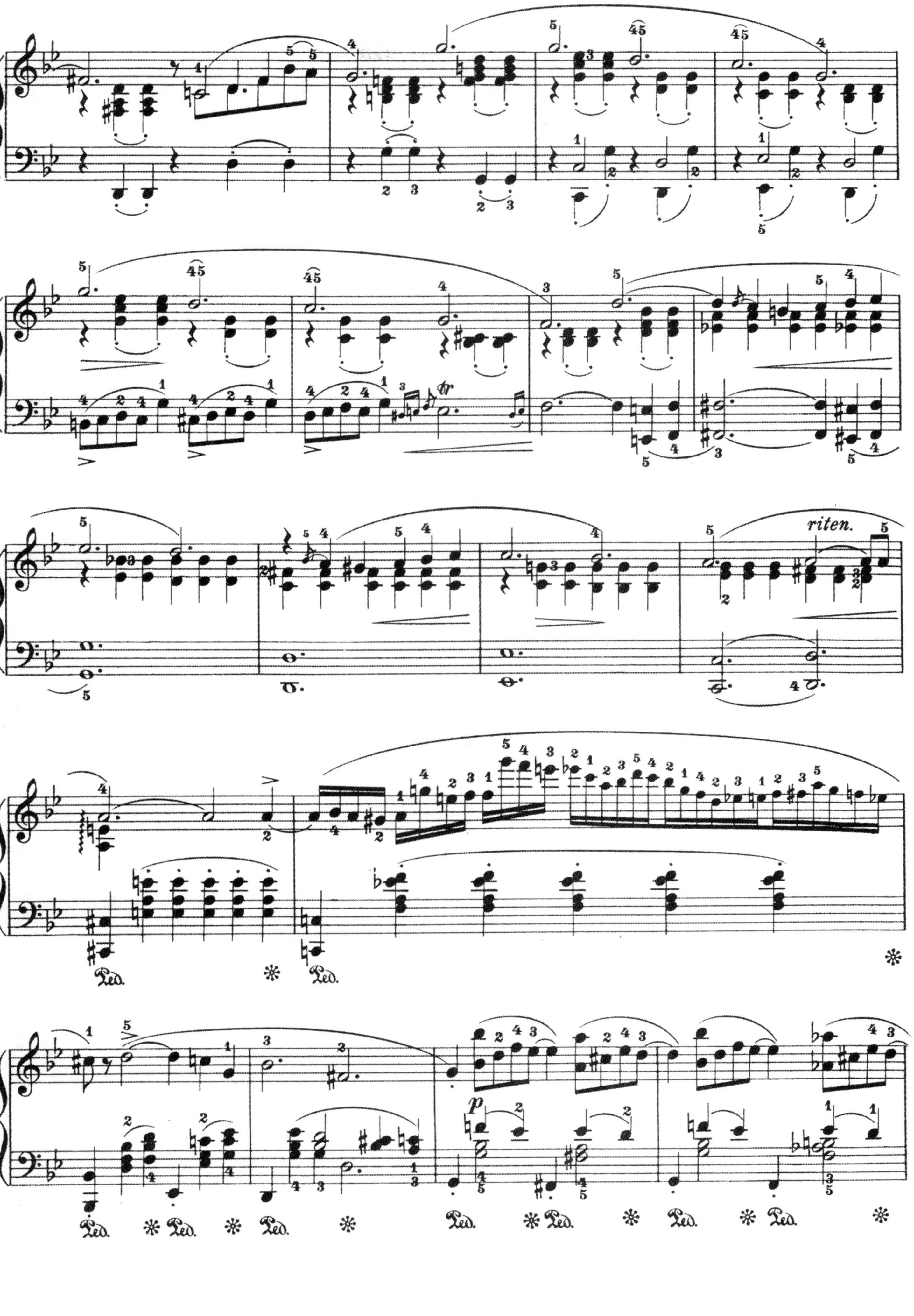
riten.
Ped.

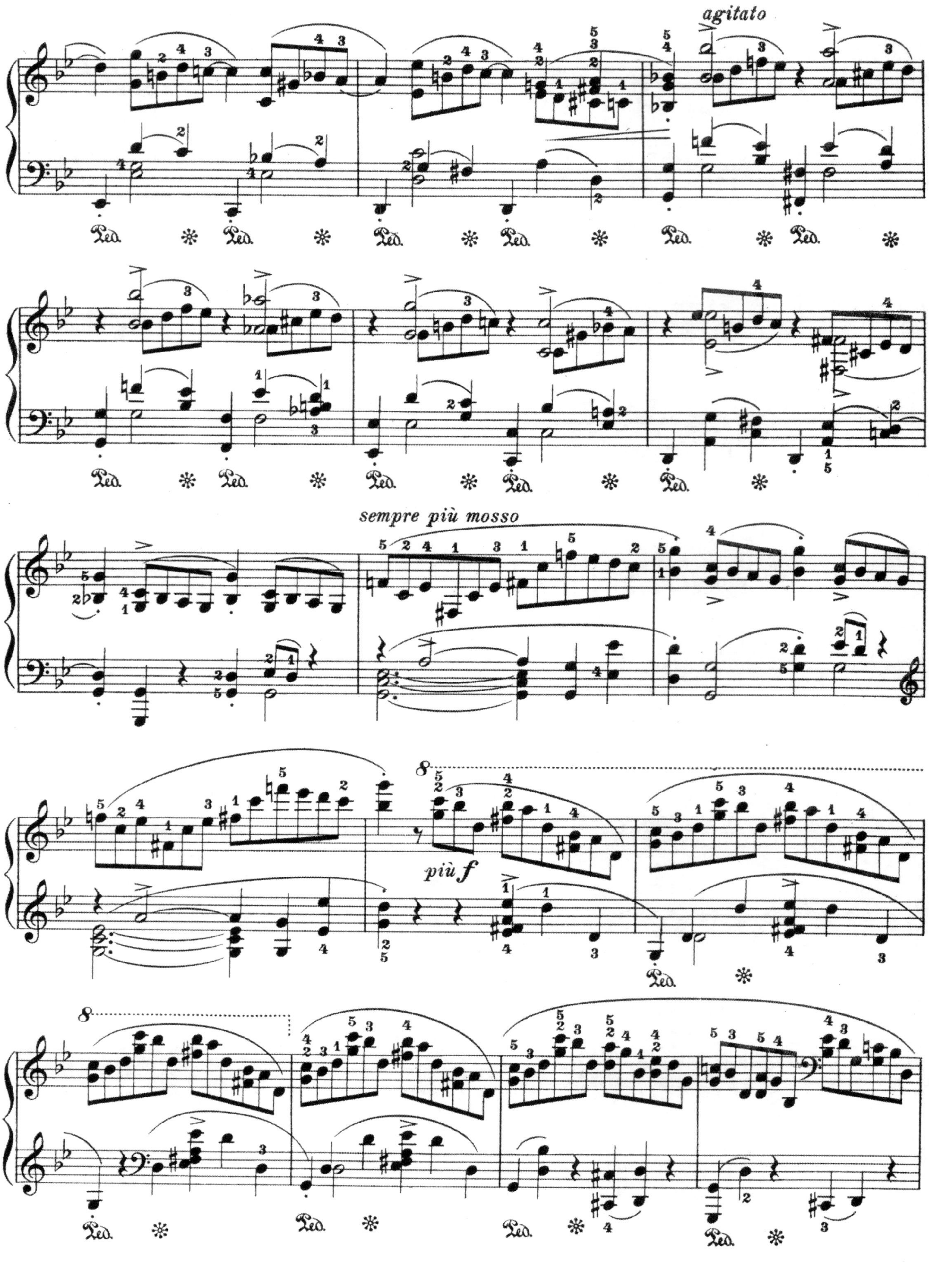
agitato
sempre più mosso
più f
Ped.

poco a poco meno f
calando
smorz.
dim. e
riten.
Meno mosso
sotto voce
pp
Ped.

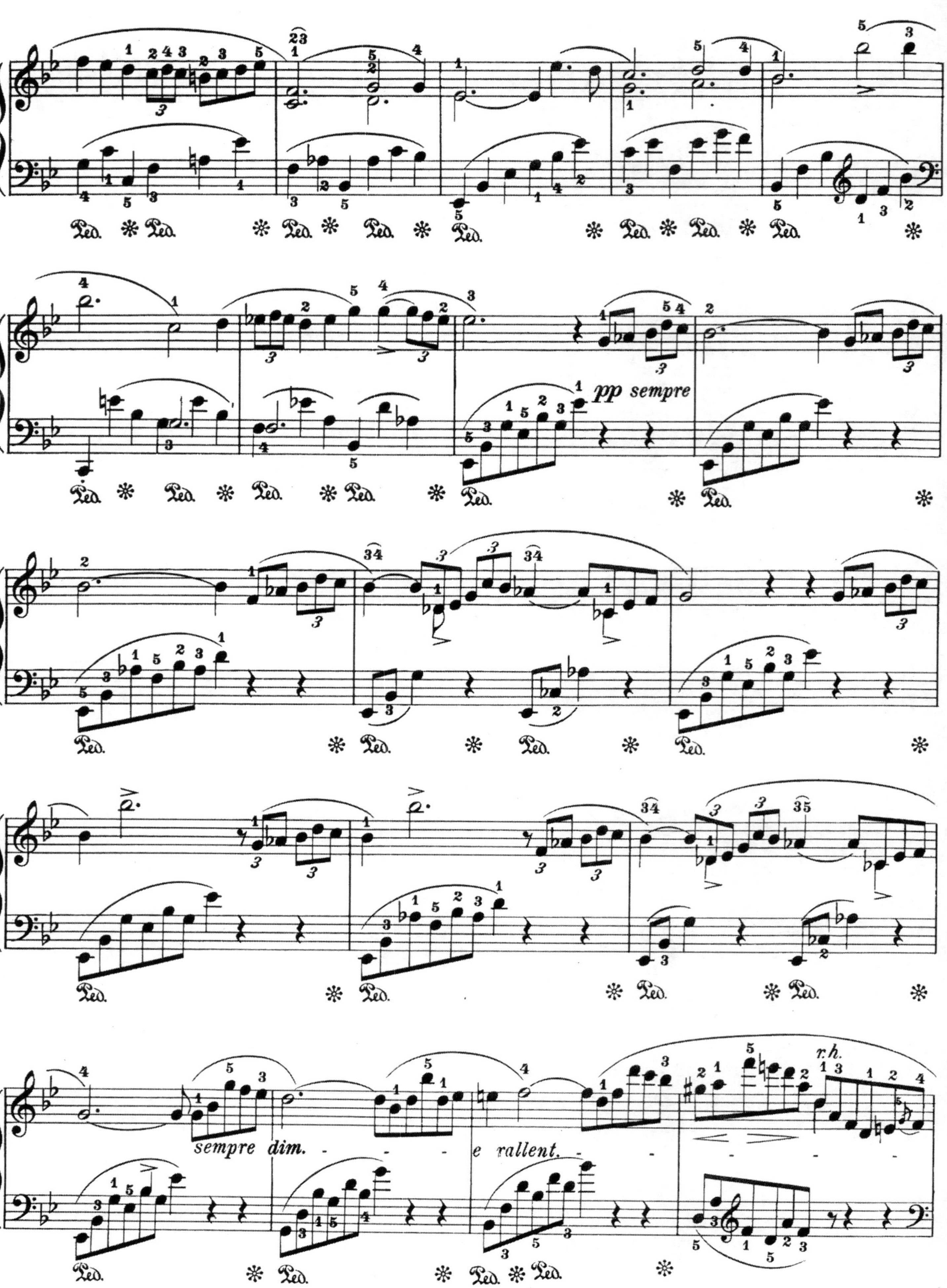
pp sempre
sempre dim.
e rallent.
r.h.
Ped.

a tempo
sotto voce
r.h.
p
cresc.
fz
pp
cresc.
fz
sempre cresc.
fz
fz
rit.
molto cresc.
a tempo
ff

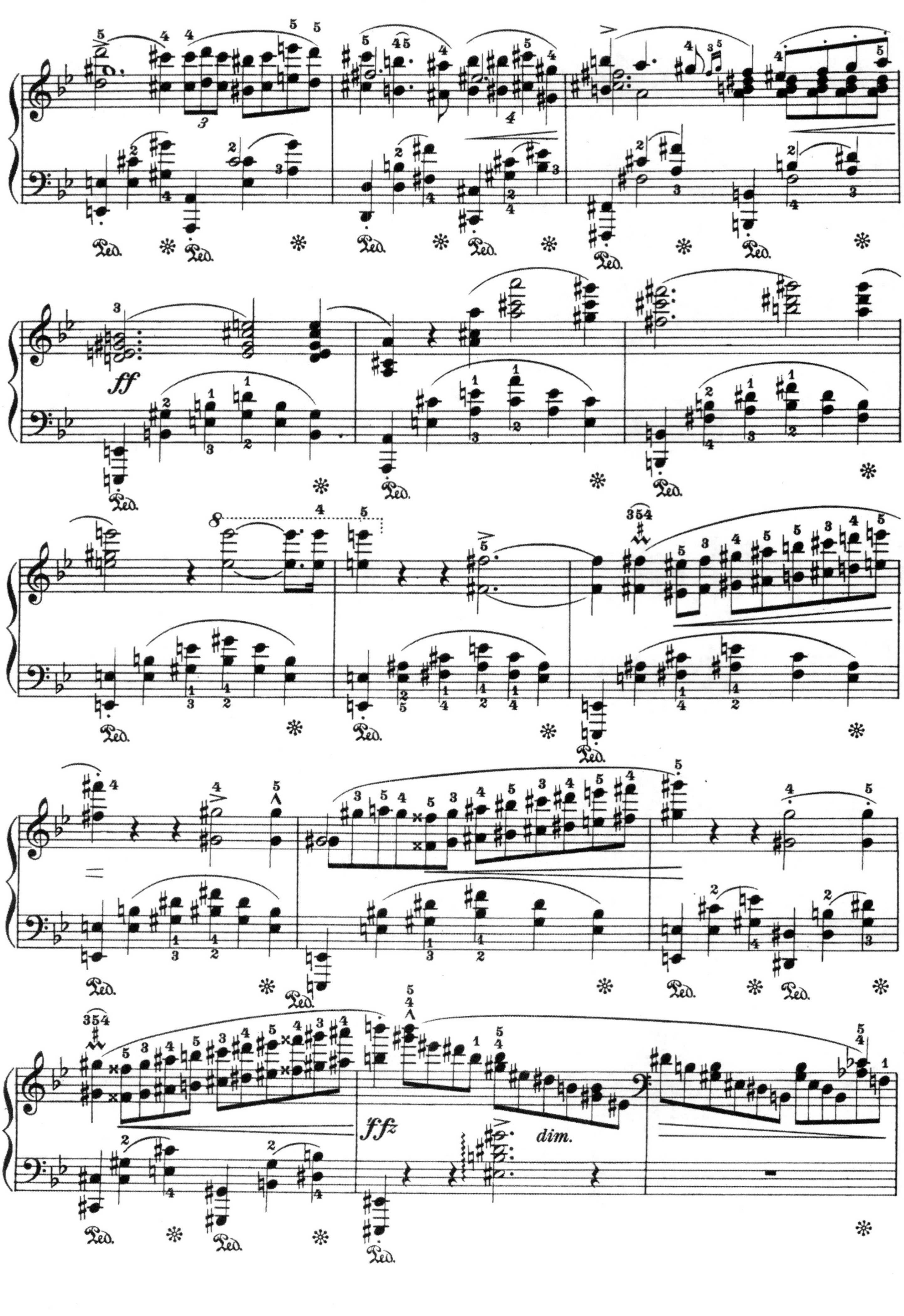
ff
ffz
dim.
Ped.

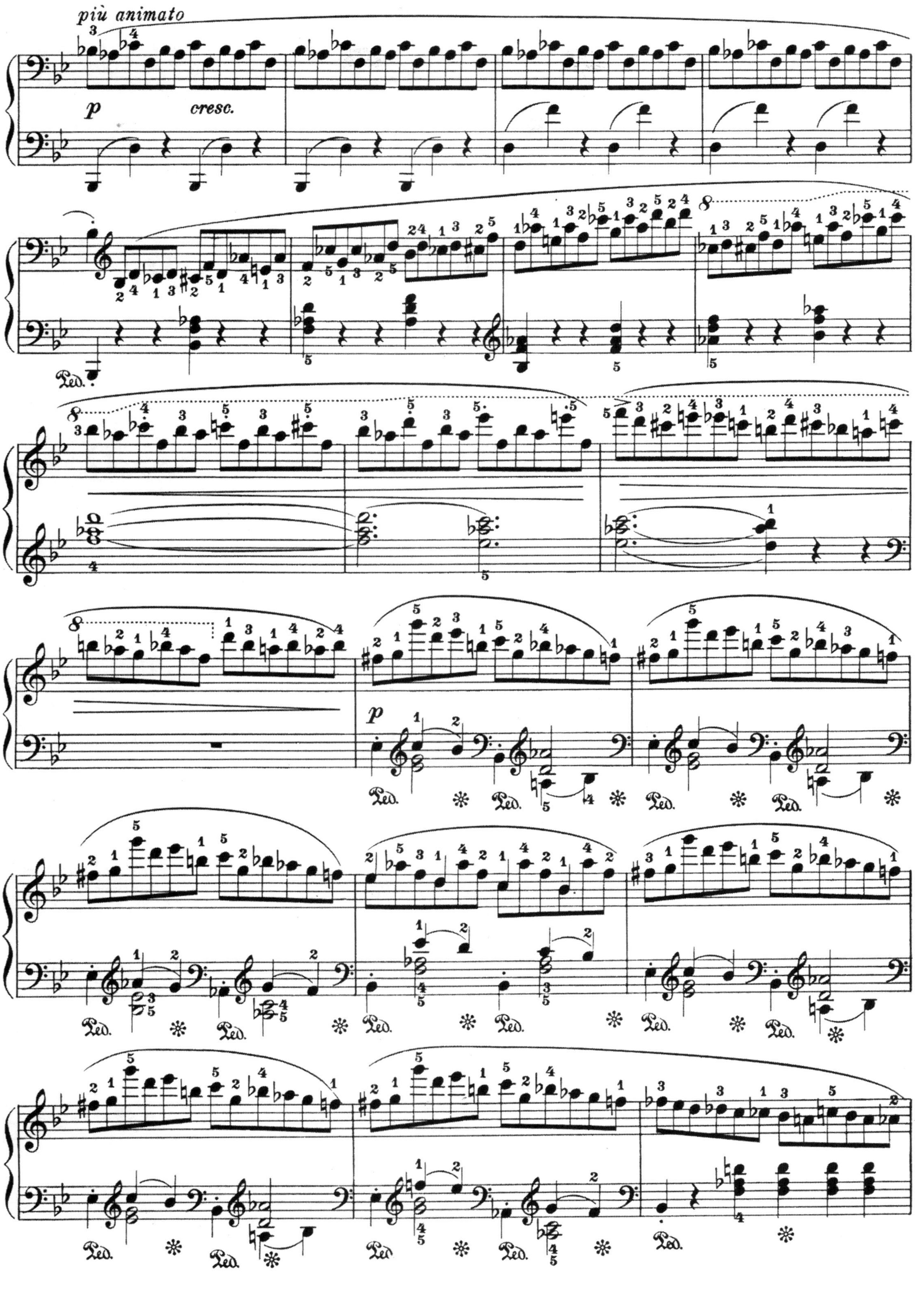
più animato
p
cresc.
p

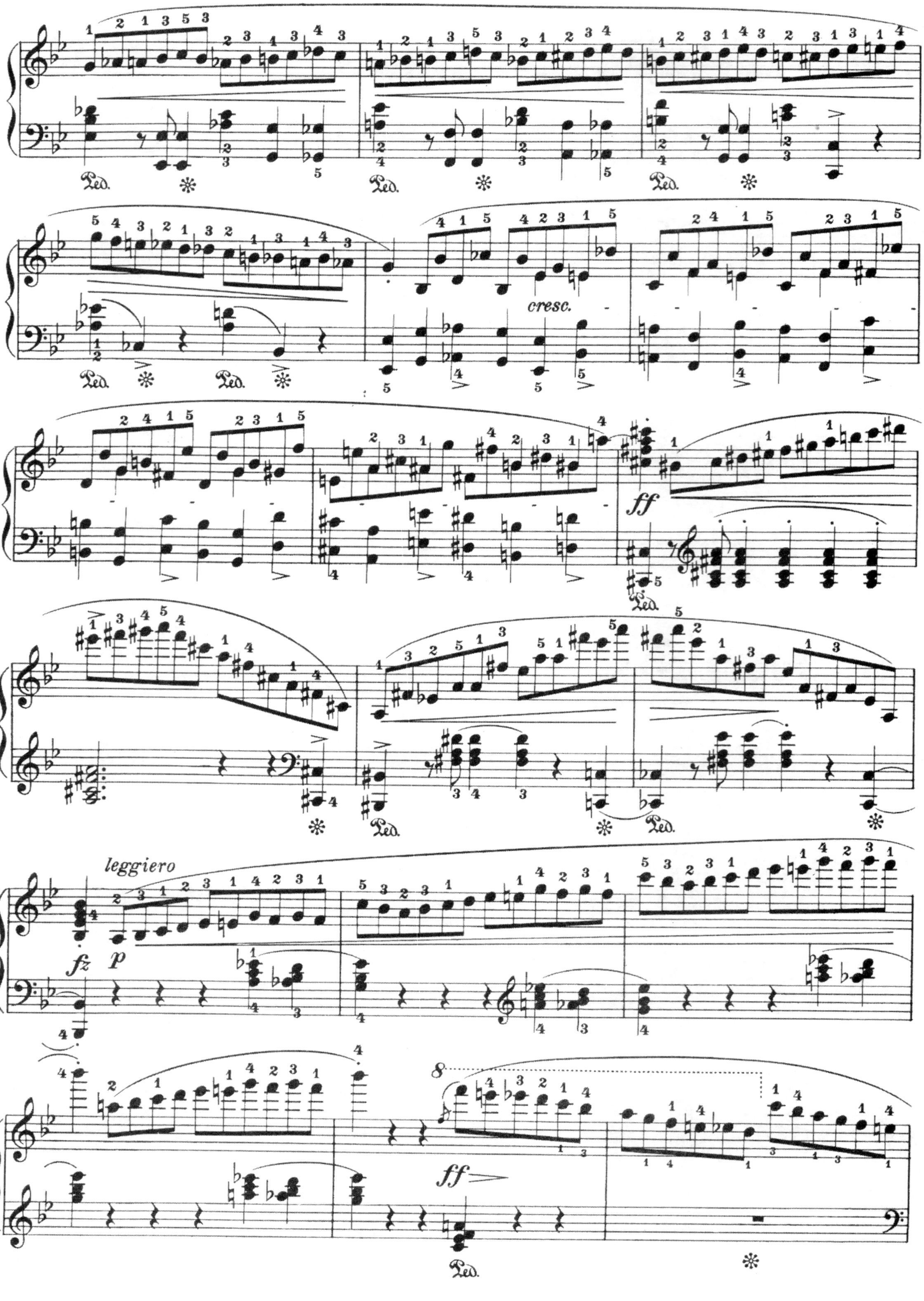
cresc.
ff
leggiero
fz
p
ff

59

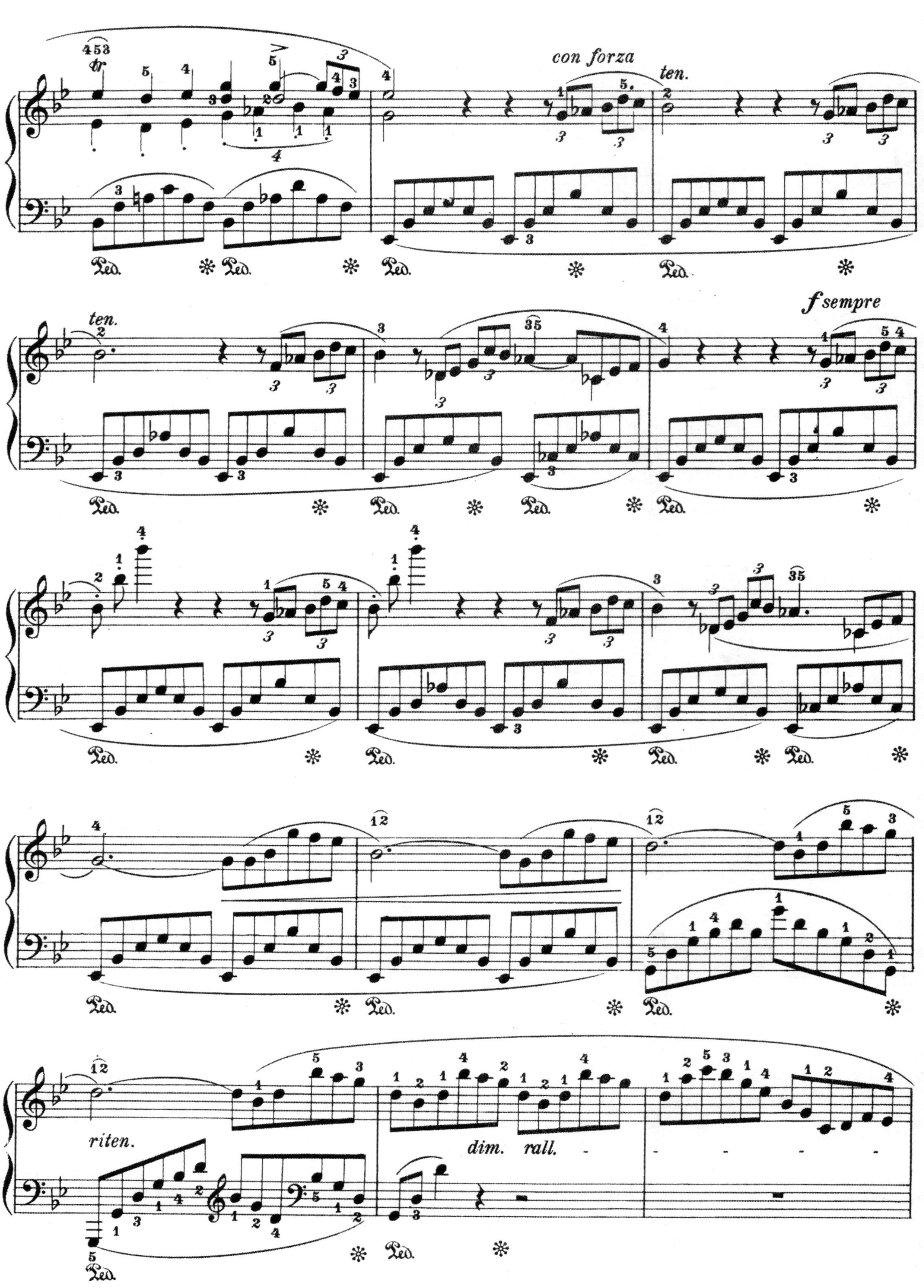
con forza
ten.
ten.
f sempre
riten.
dim. rall.

Meno mosso
pp sempre
sotto voce
cresc.
fz
p
cresc.
fz
fz
fz
molto cresc.
il più forte possibile
Presto con fuoco
fz
ff

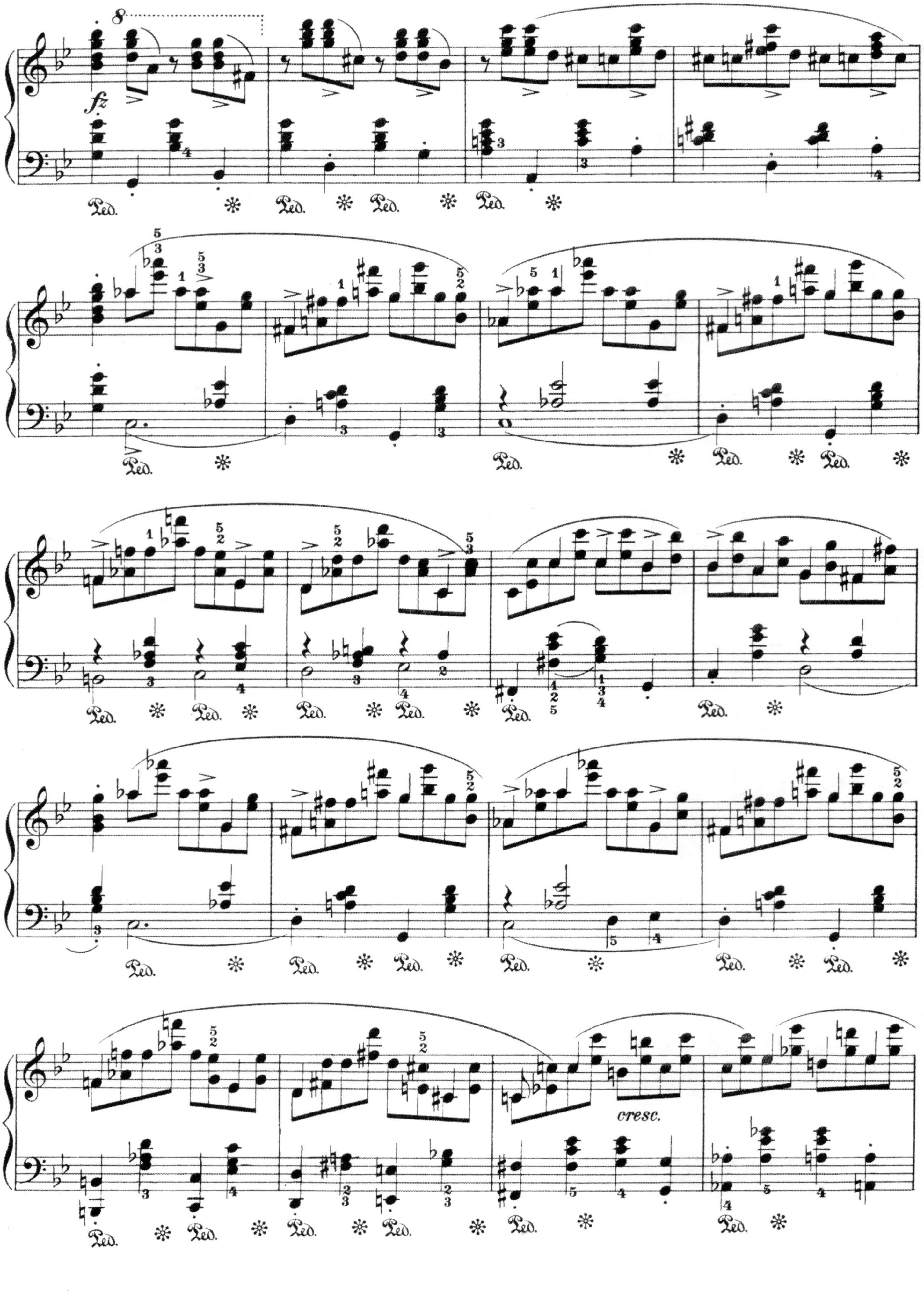
8
fz
Ped.
cresc.

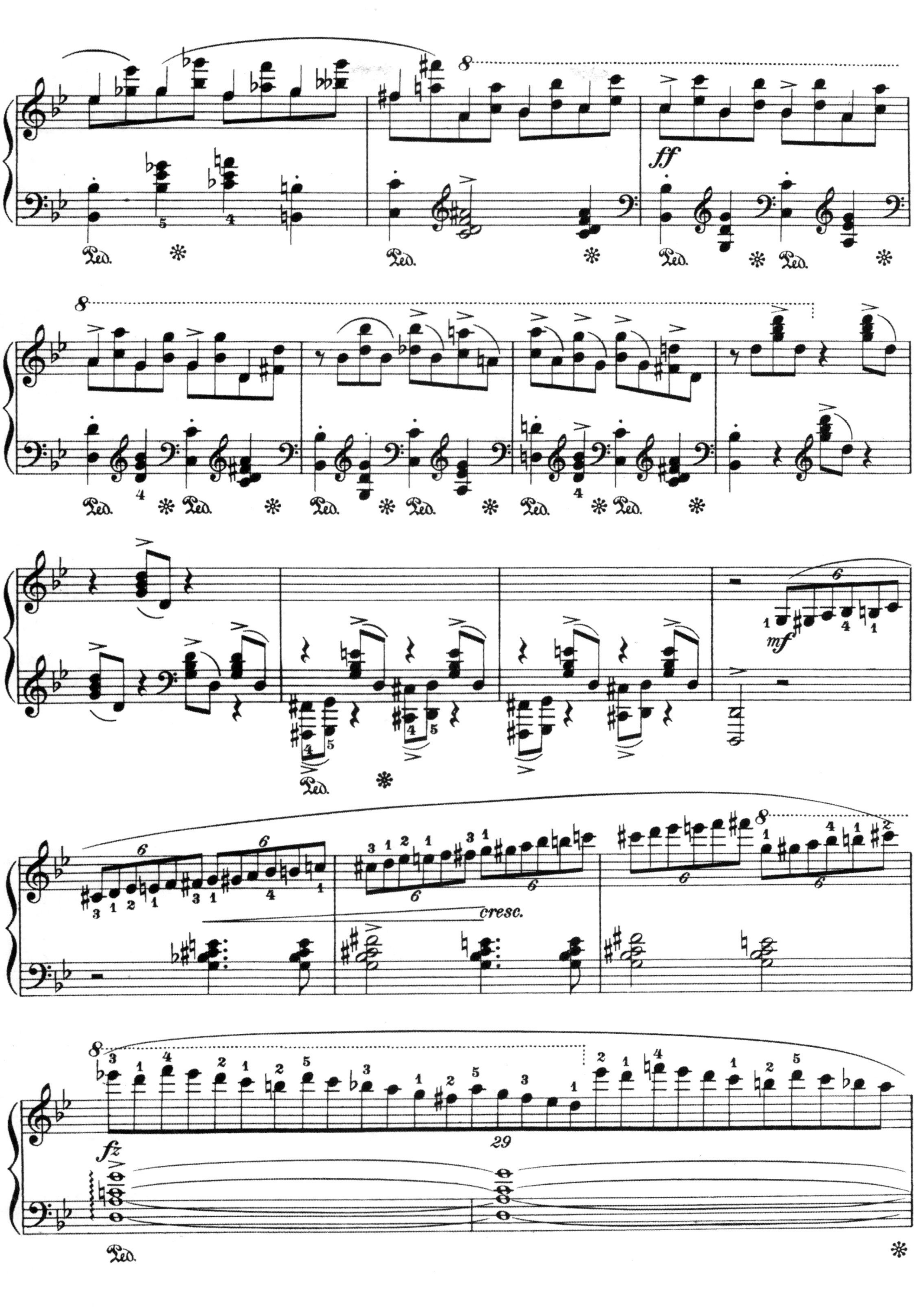
ff
mf
cresc.
fz
Ped.

Carl Tausig played:
spielte:

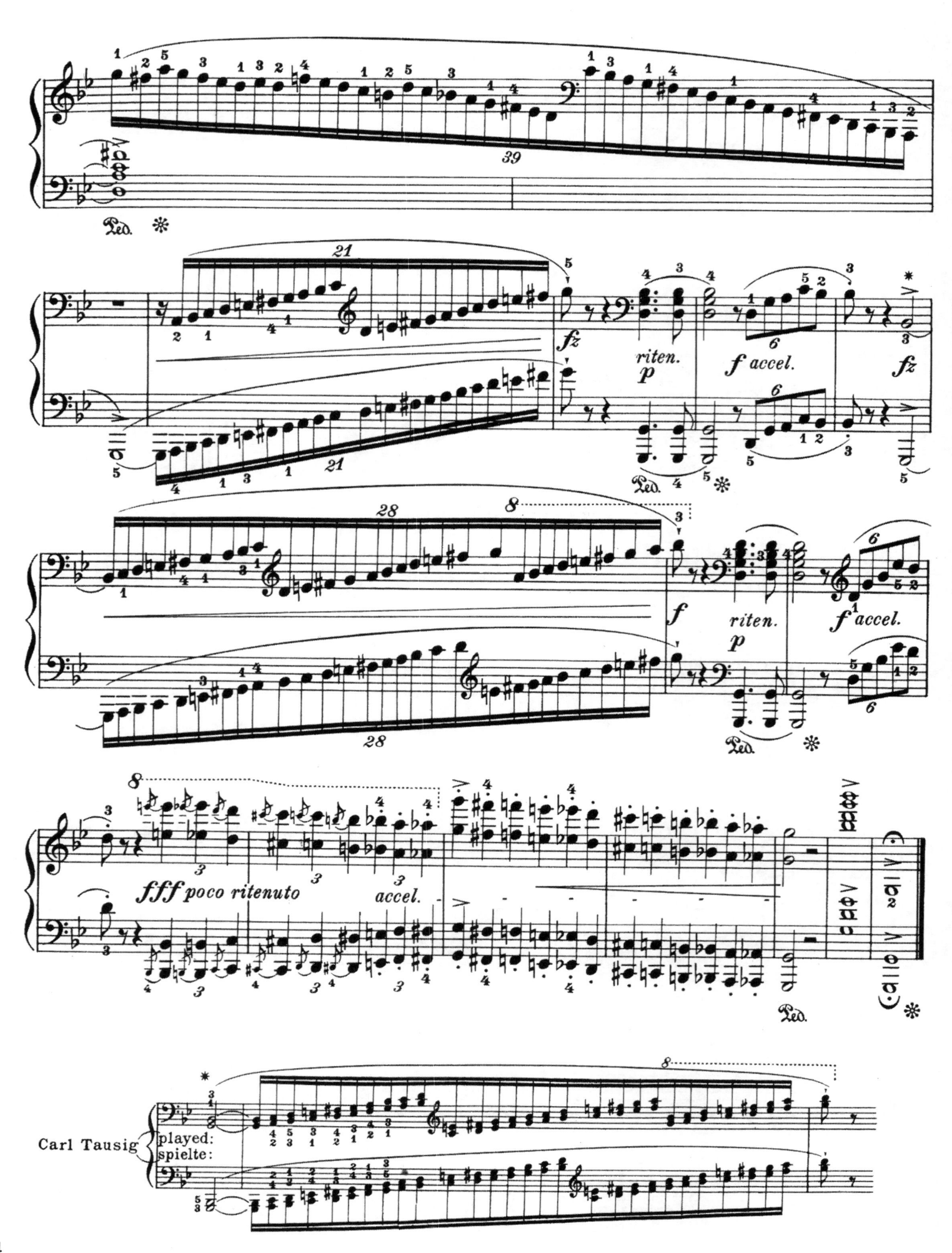

Scherzo

(EM SI BEMOL)
Op. 31 - N° 2

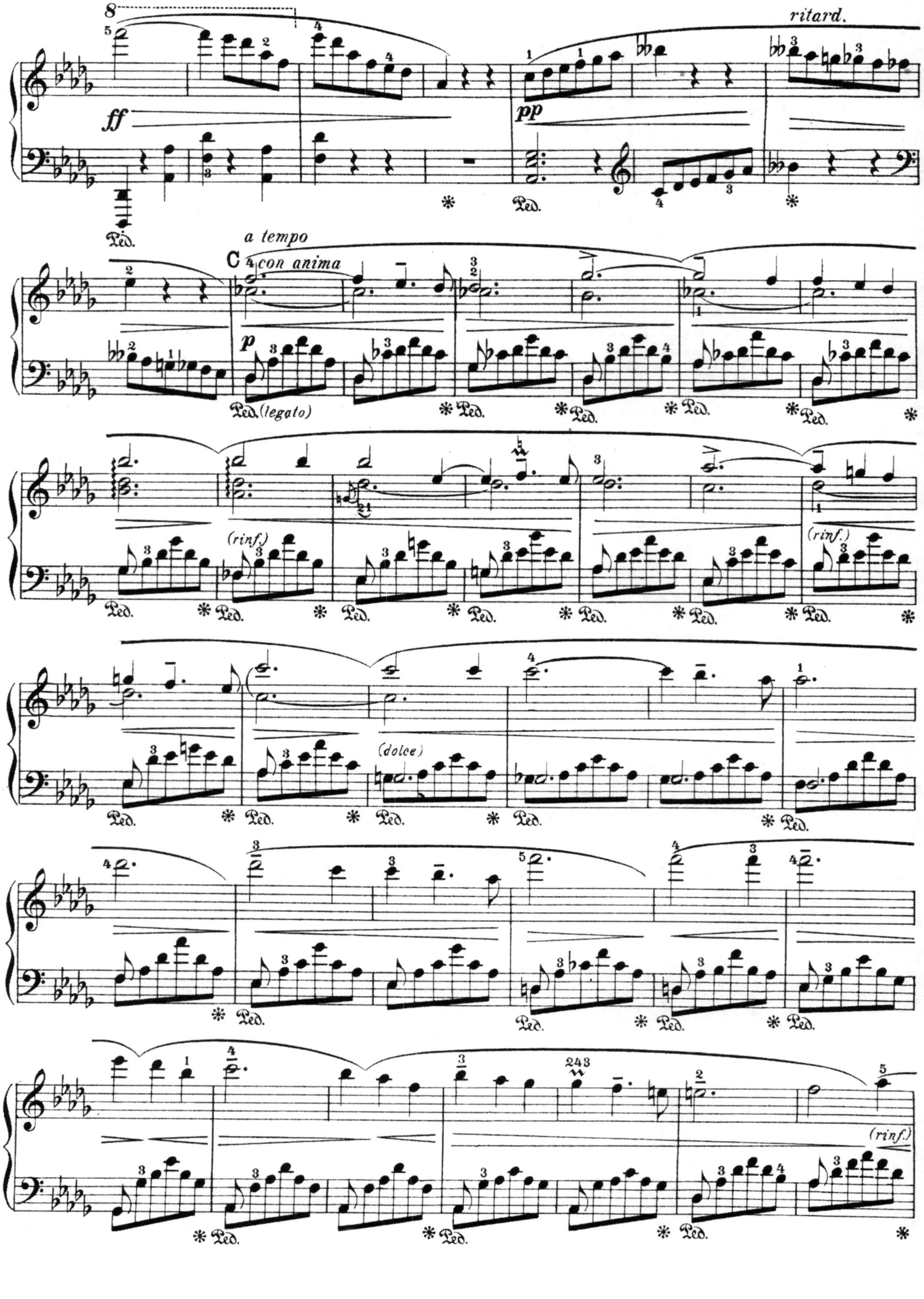

ritard.
ff
pp
Ped.
a tempo
C
con anima
p
Ped. (legato)
(rinf.)
(dolce)
(rinf.)

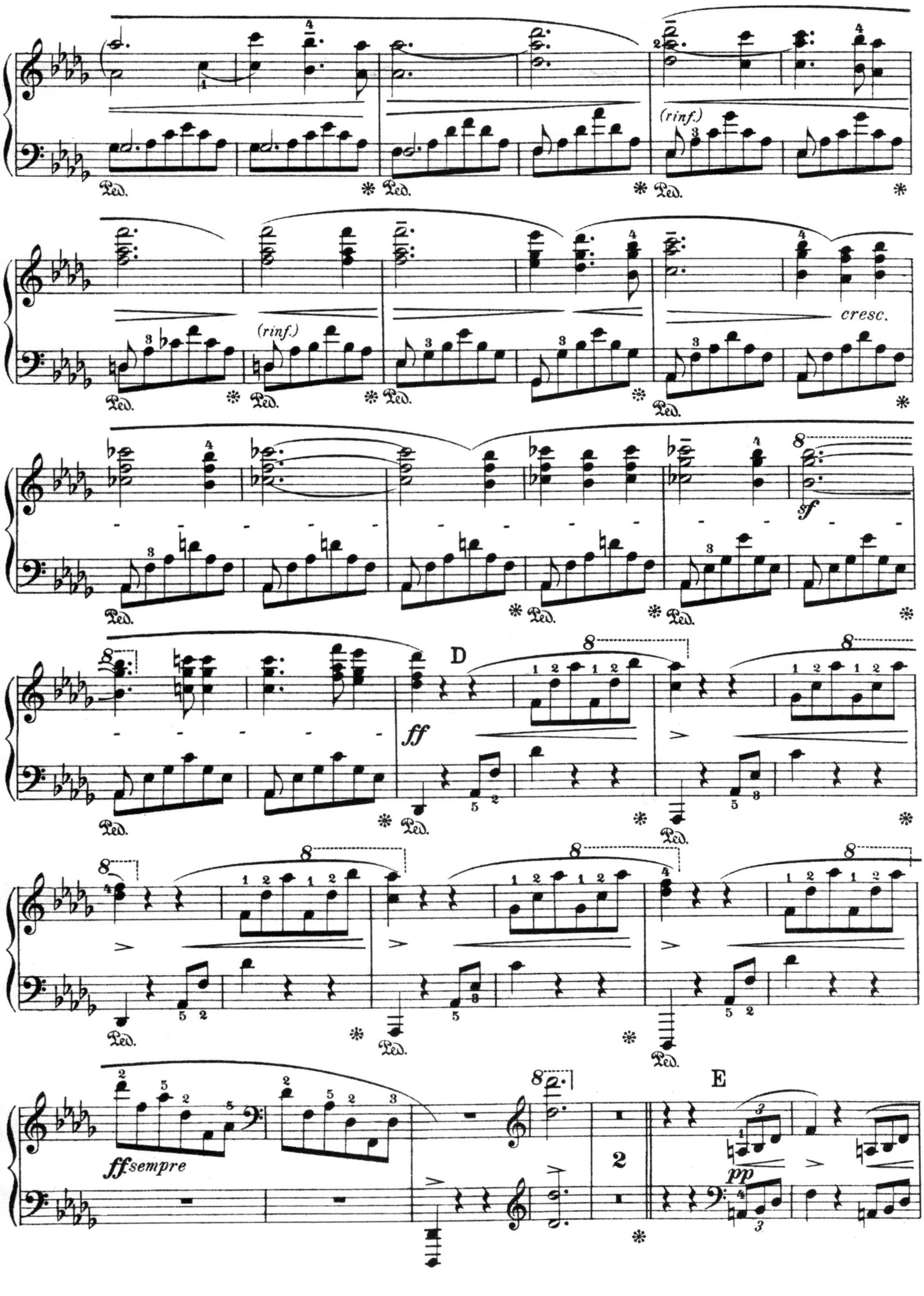
(rinf.)
cresc.
D
E
ff
ff sempre
pp
Ped.

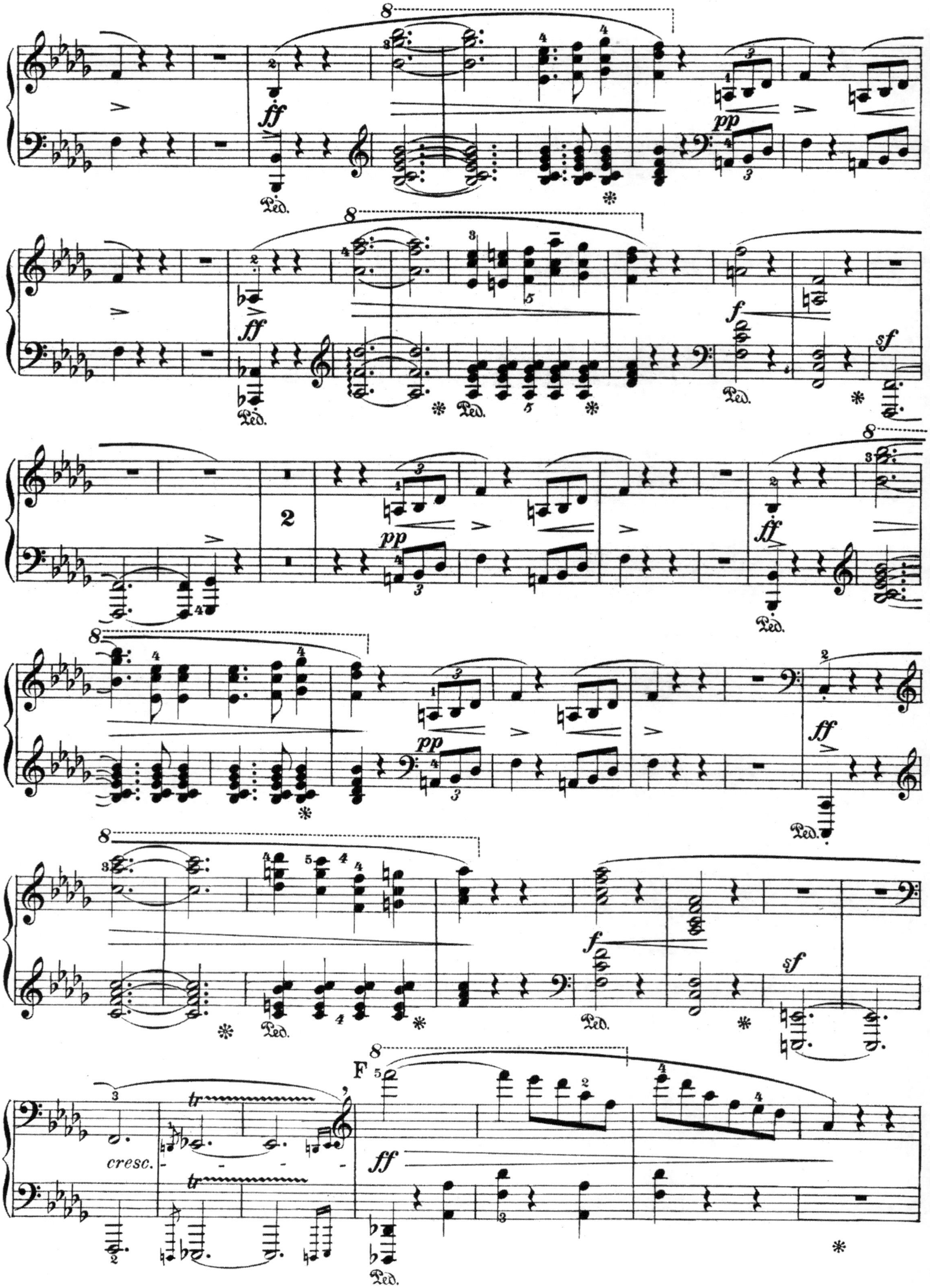
ff
pp
f
sf
cresc.
F
Ped.

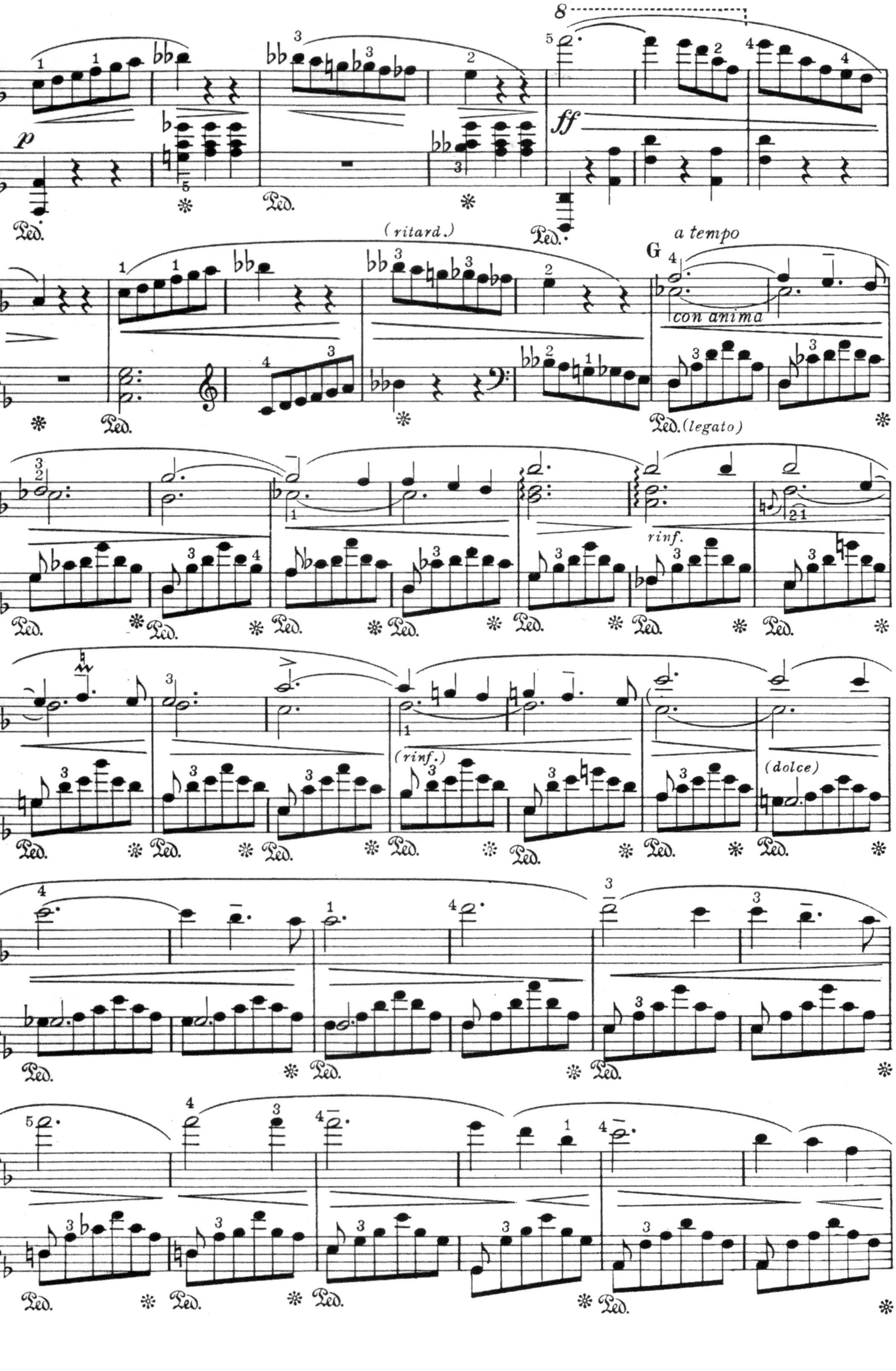

8
p
ff
(ritard.)
a tempo
G
con anima
(legato)
rinf.
(rinf.)
(dolce)
Ped.

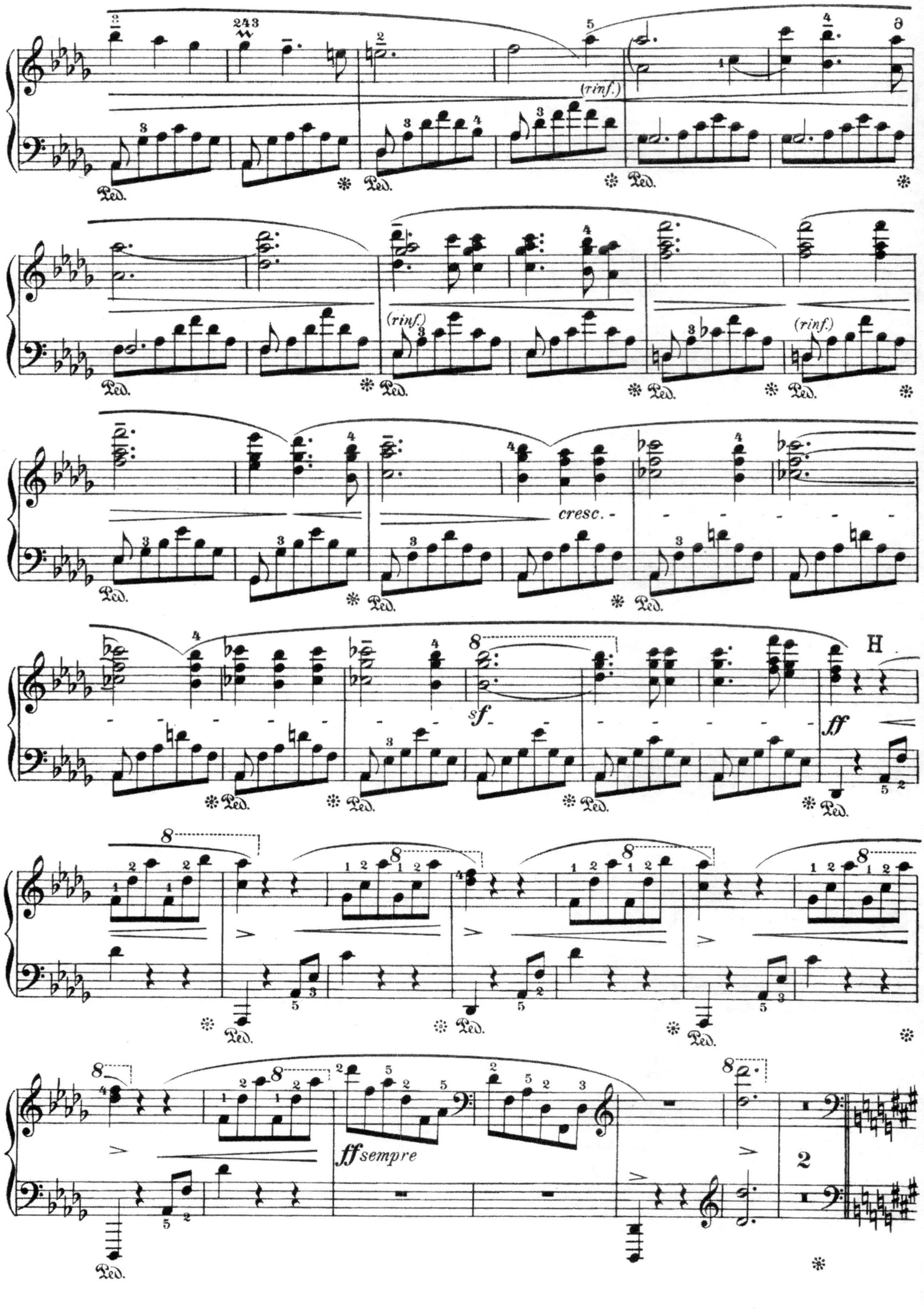
(rinf.)
Ped.
cresc.
sf
H
ff
ff sempre
2

J
sostenuto
sotto voce
c)
p
(rinf.)
(rinf.)
(delicatissimo)
Ped.
d)
(dol.)
(rinf.)
Ped.
pp
slentando
(rinf.)
(rinf.)
Ped.
K
(p) espr.
(rinf.)
(rinf.)

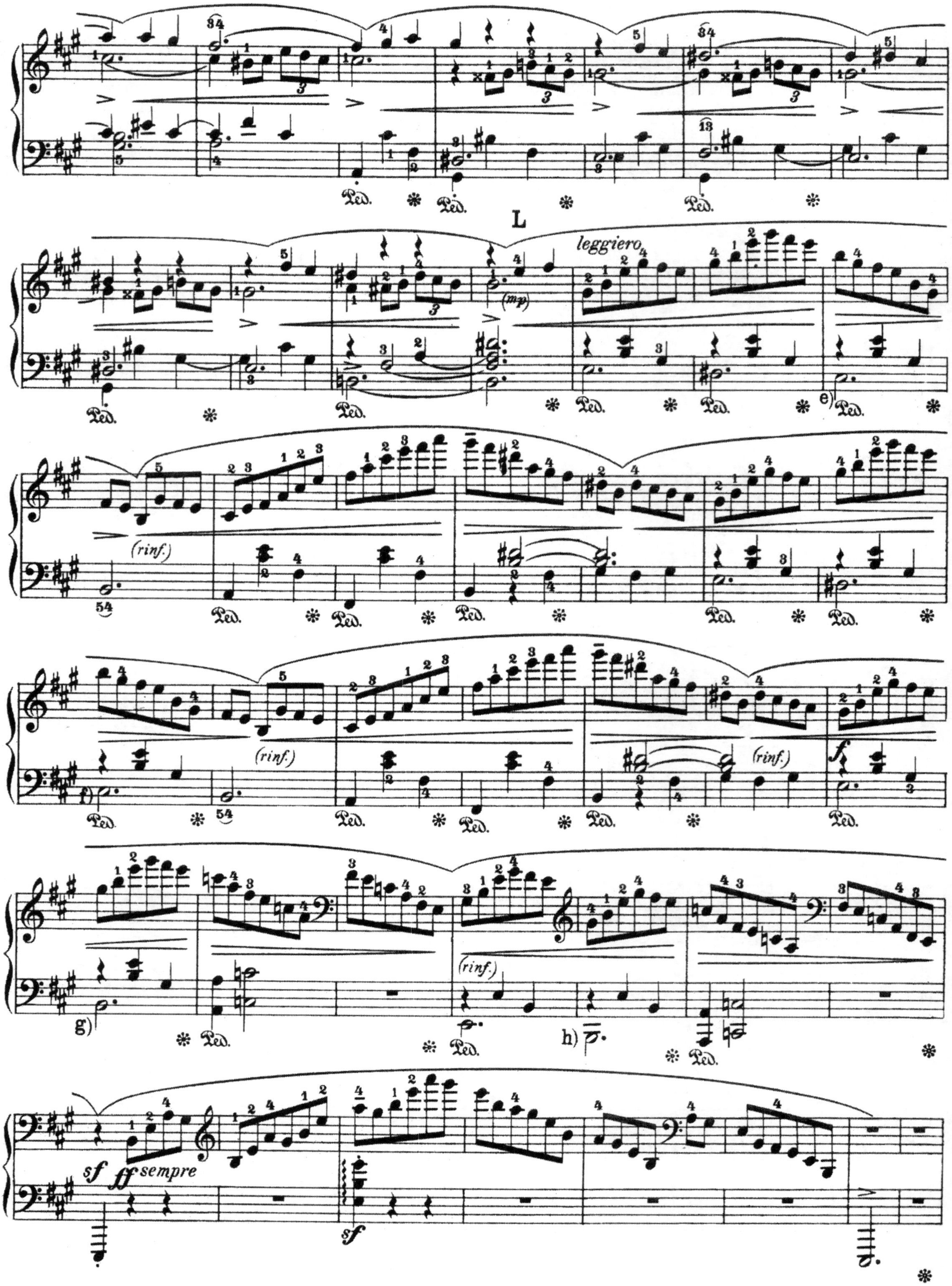
L
leggiero
(mp)
(rinf.)
sf
ff sempre
e)
f)
g)
h)

sotenuto
M
f
(rinf.)
Ped.
p
(rinf.)
(delicatissimo)
(dol.)
i)
pp
slentando
N
espress.

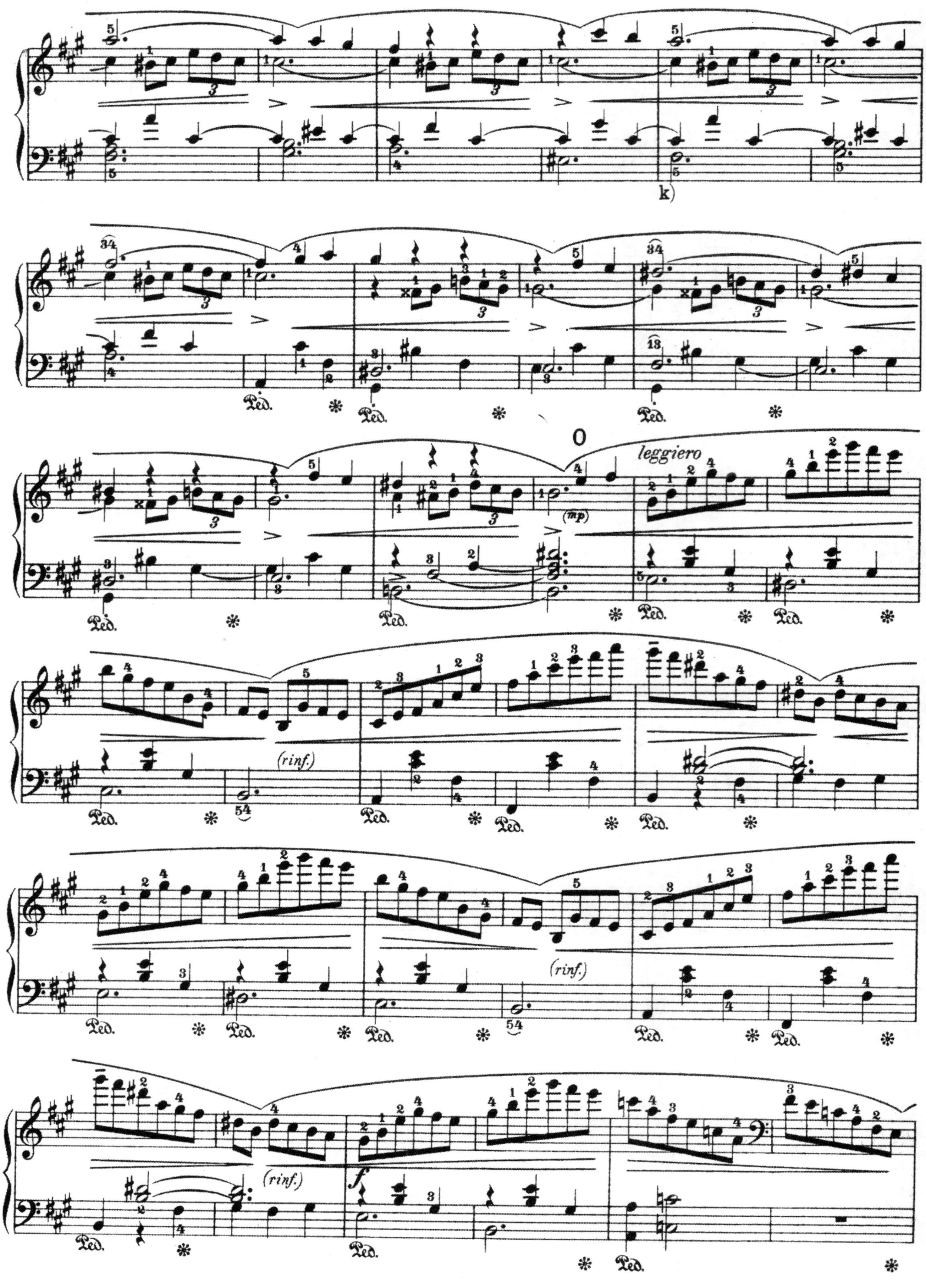
k)
O
leggiero
(mp)
(rinf.)
f
Ped.

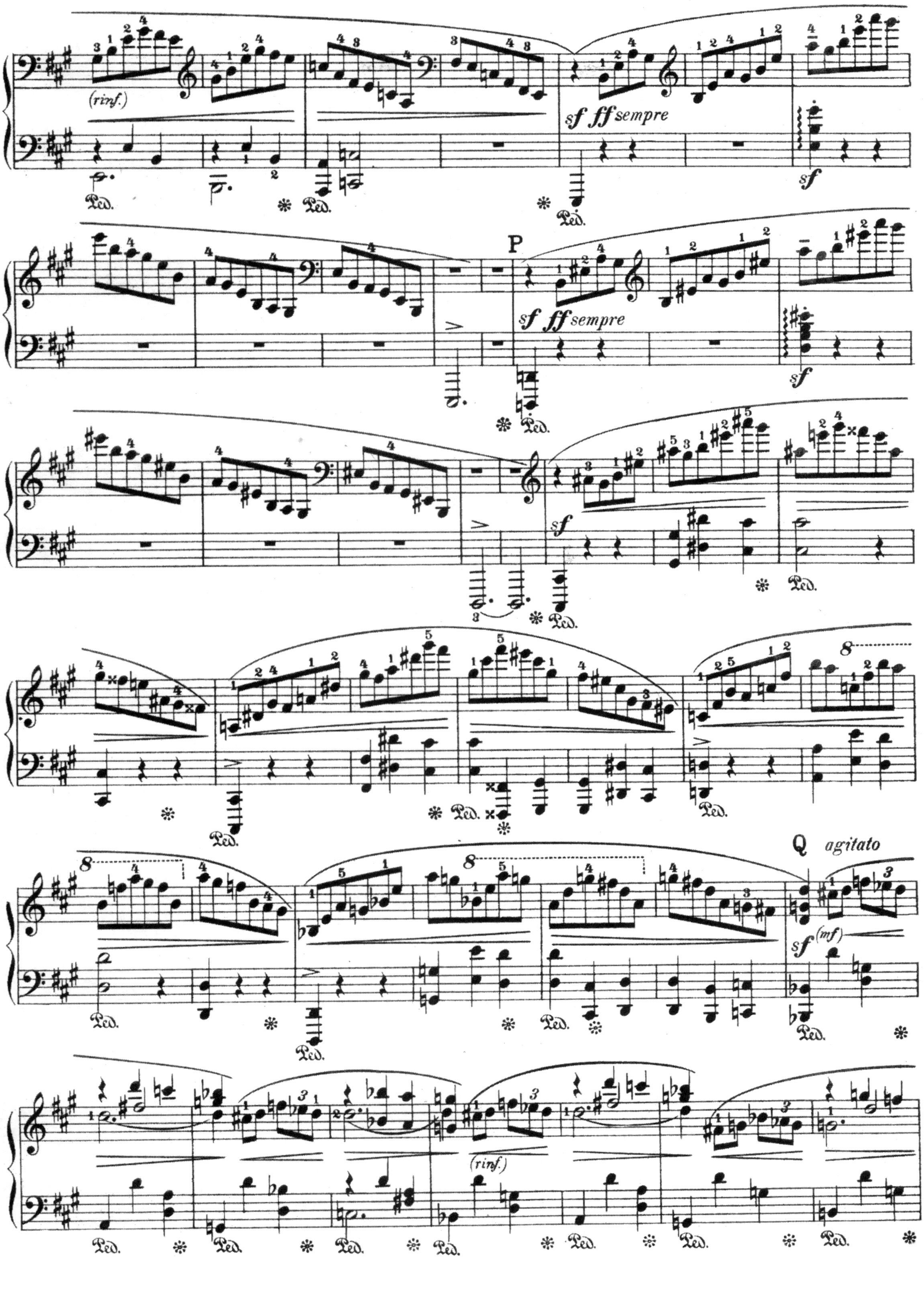
(rinf.)
sf ff sempre
sf
Ped.
P
sf ff sempre
sf
Q
agitato
sf (mf)
(rinf.)

76

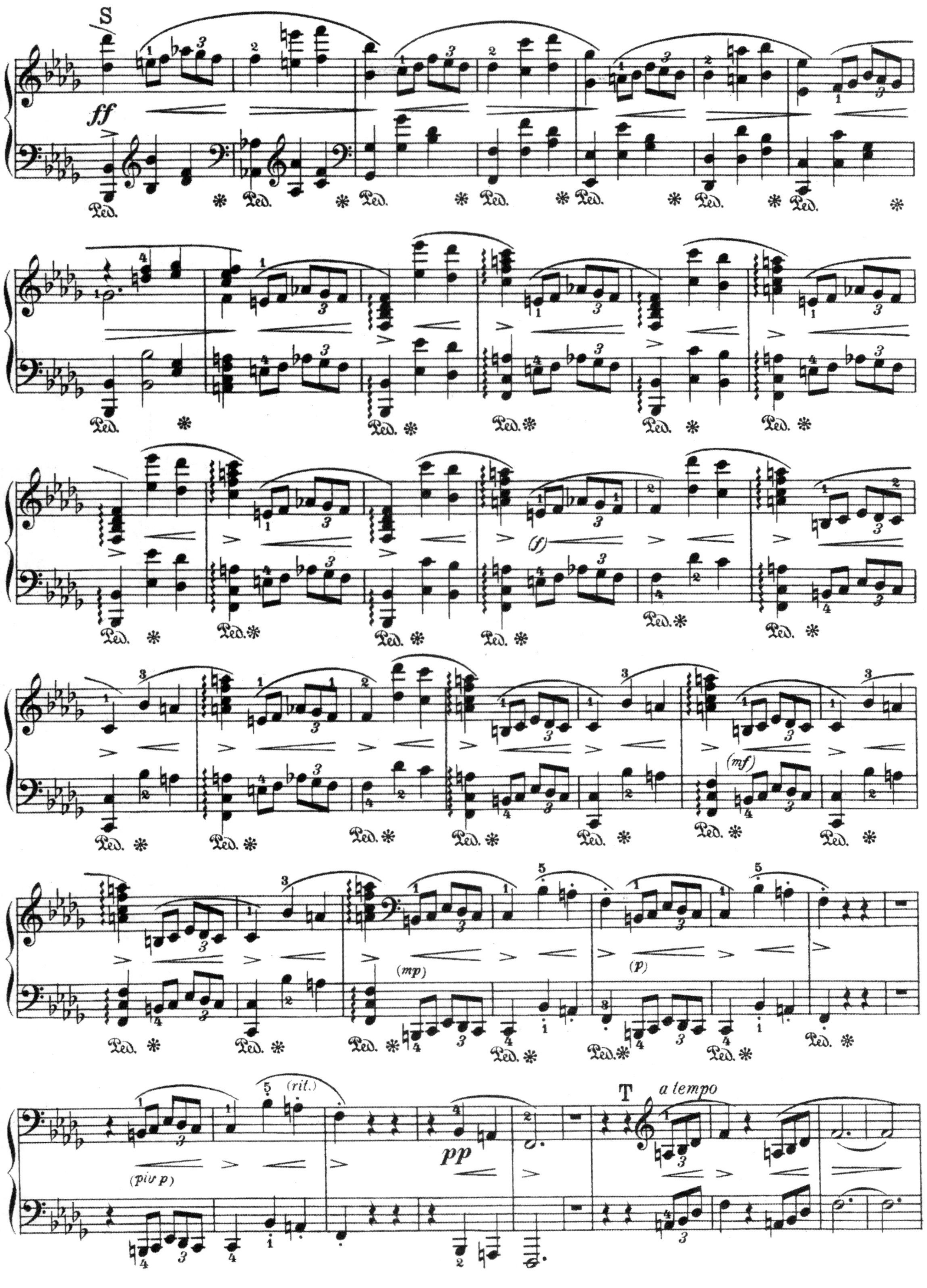
S
ff
T
a tempo
(f)
(mf)
(mp)
(p)
(più p)
(rit.)
pp
Ped.

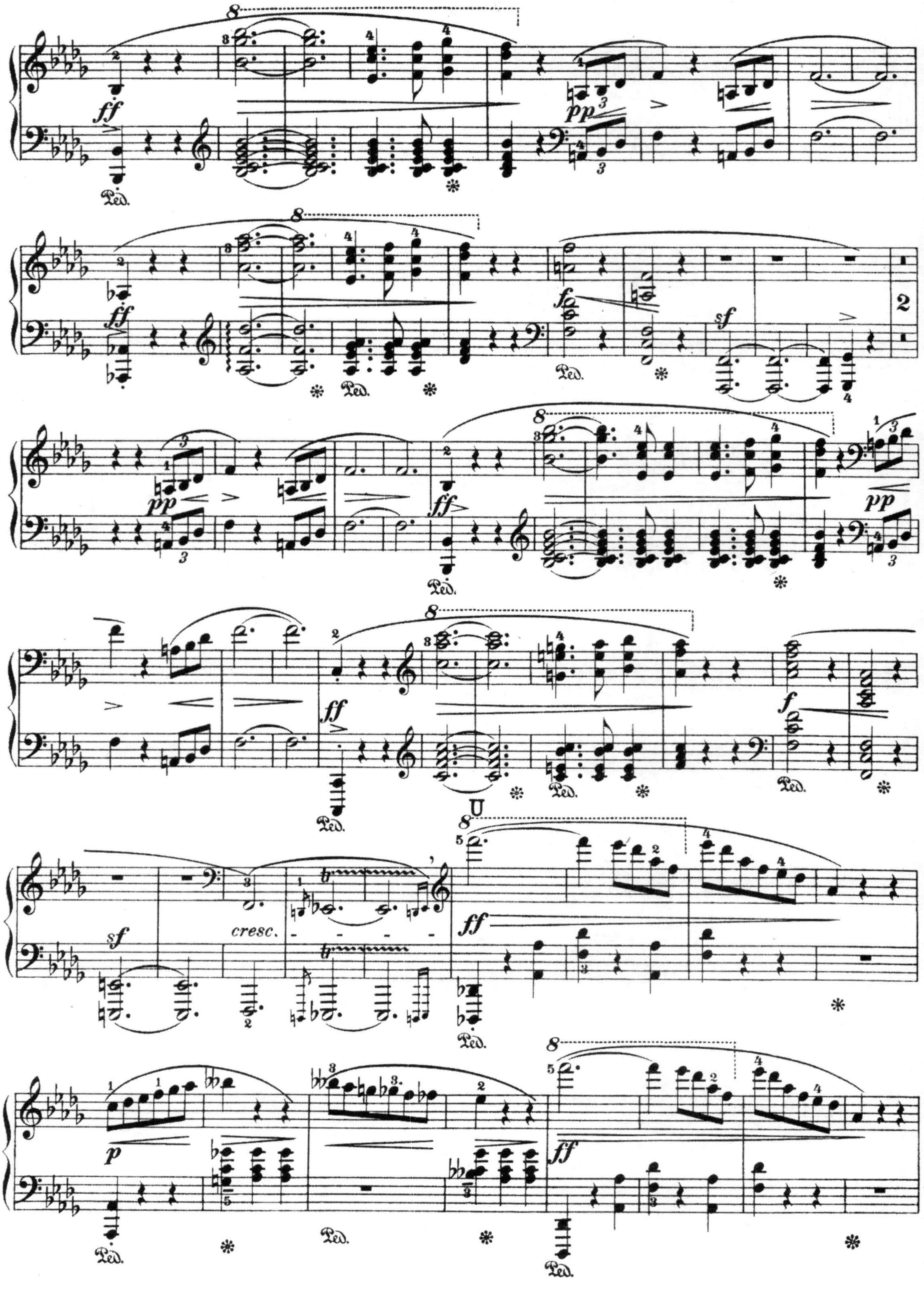
cresc.
Ped.

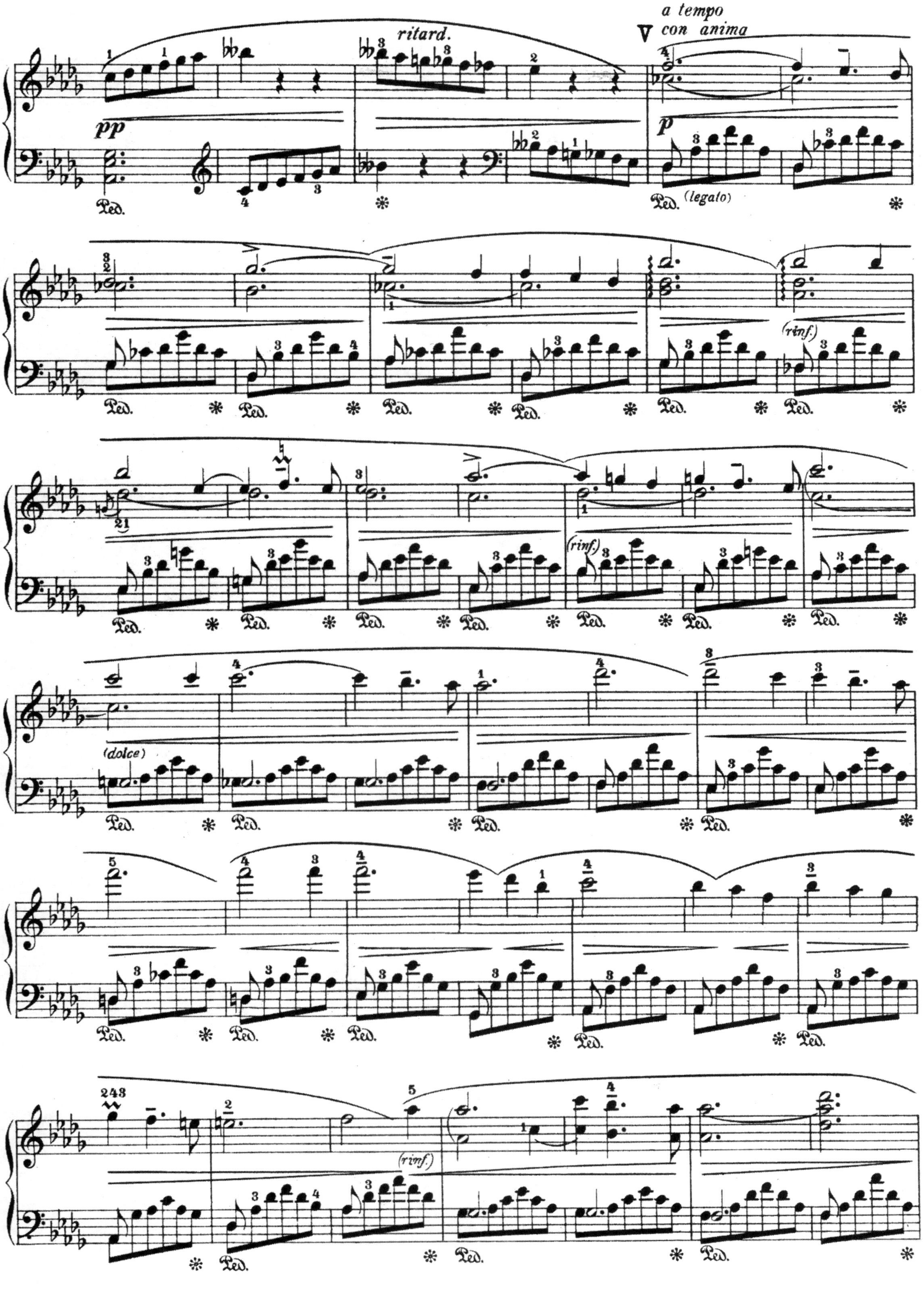
ritard.
a tempo
con anima
V
pp
p
Ped.
(legato)
(rinf.)
(dolce)

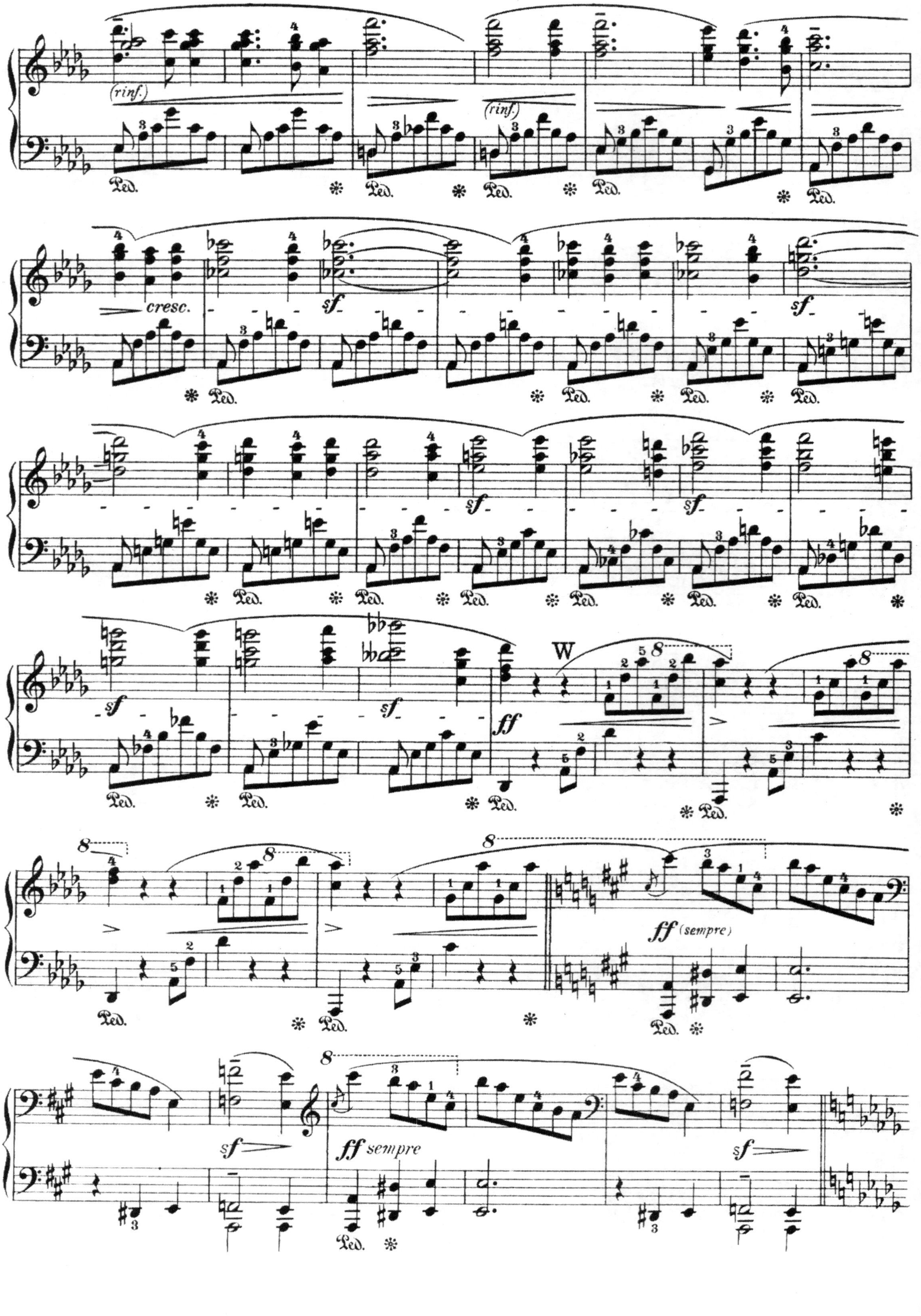
(rinf.)
cresc.
sf
ff
W
ff (sempre)
ff sempre
Ped.

81

Berceuse
Op. 57

Revisão de Radamés Mosca

F. Chopin

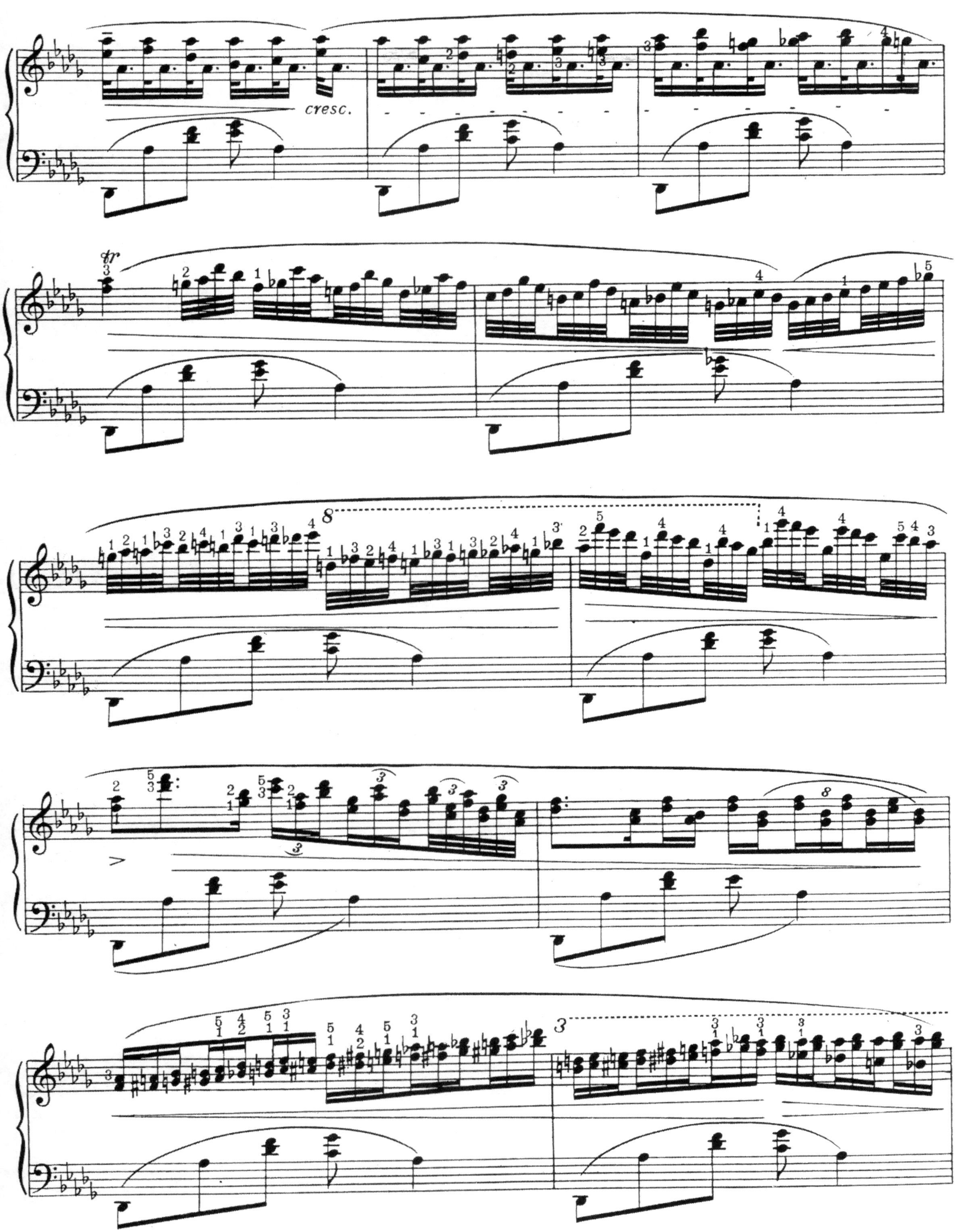
cresc.

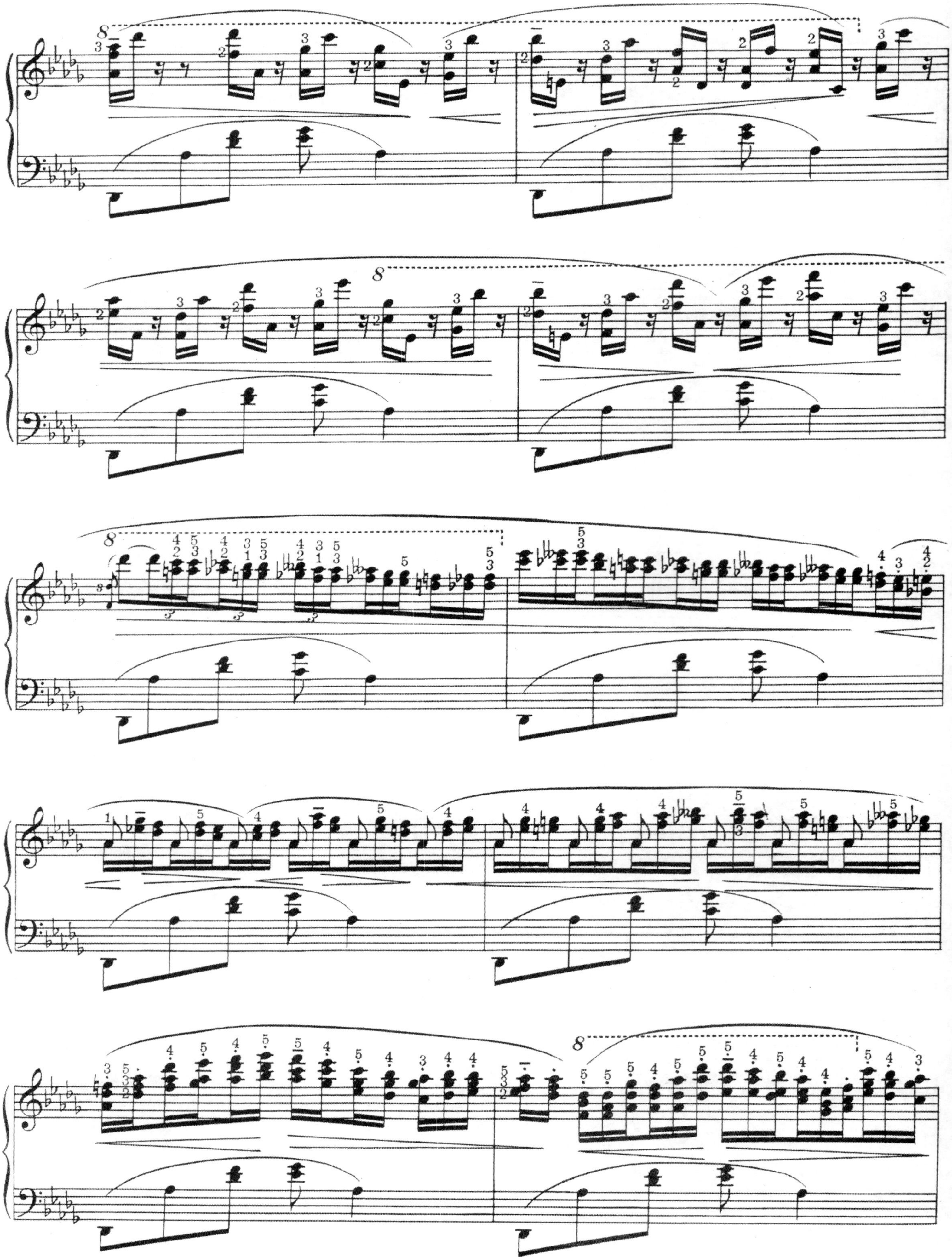

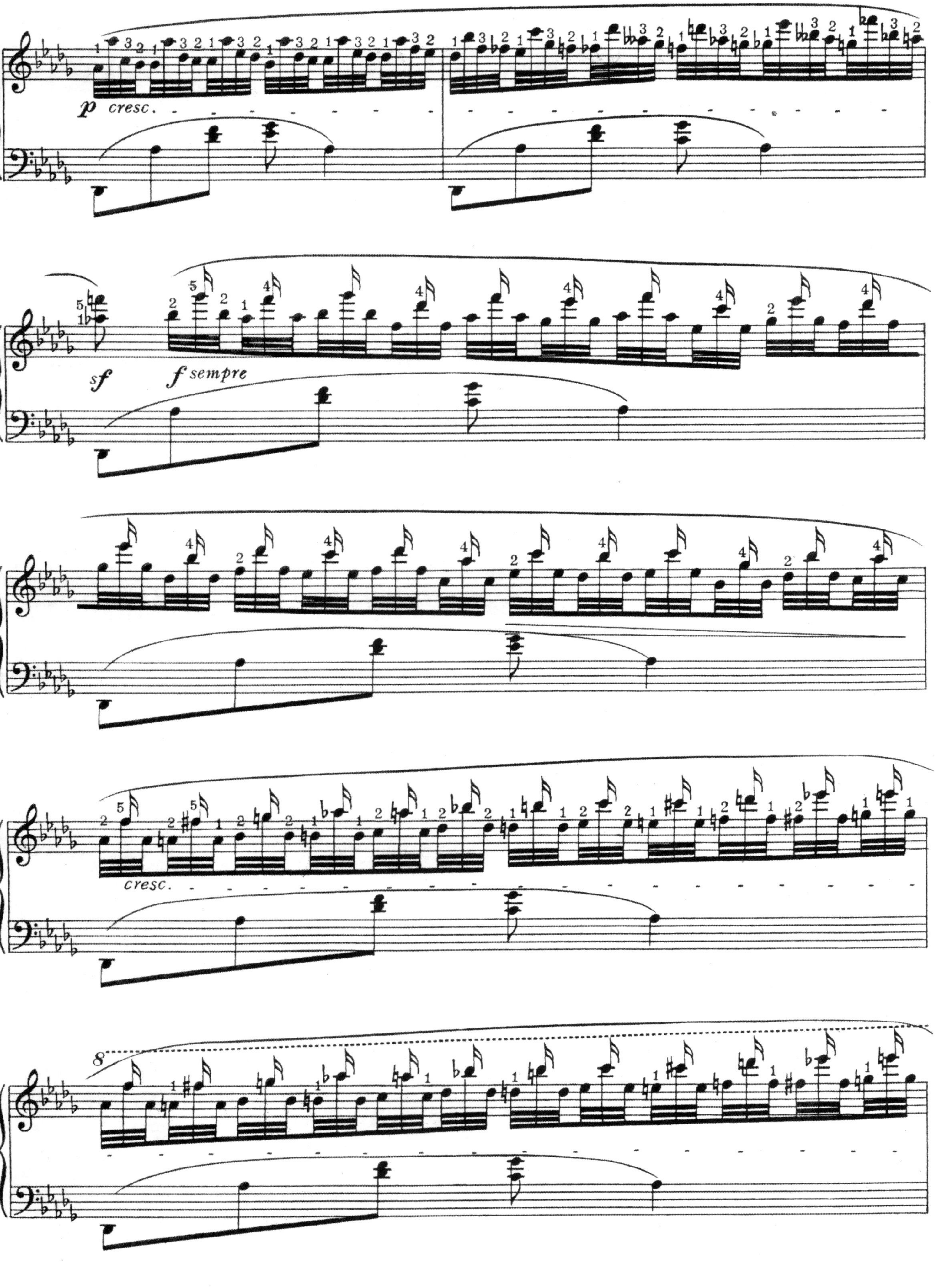
p cresc.
sf
f sempre
cresc.
8

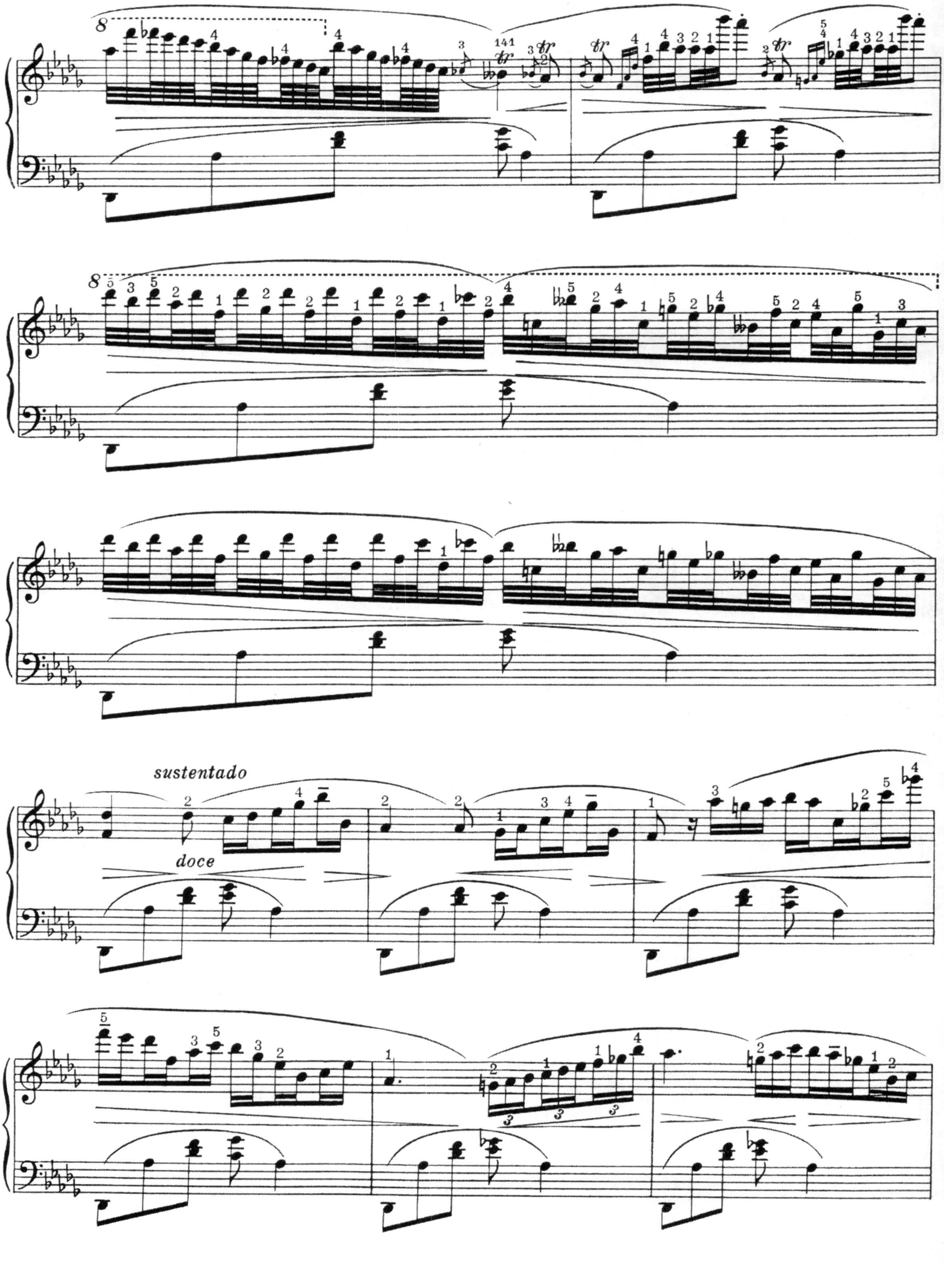
sustentado
doce

com muita doçura

Valsa
Op. 42

Vivace.

5.

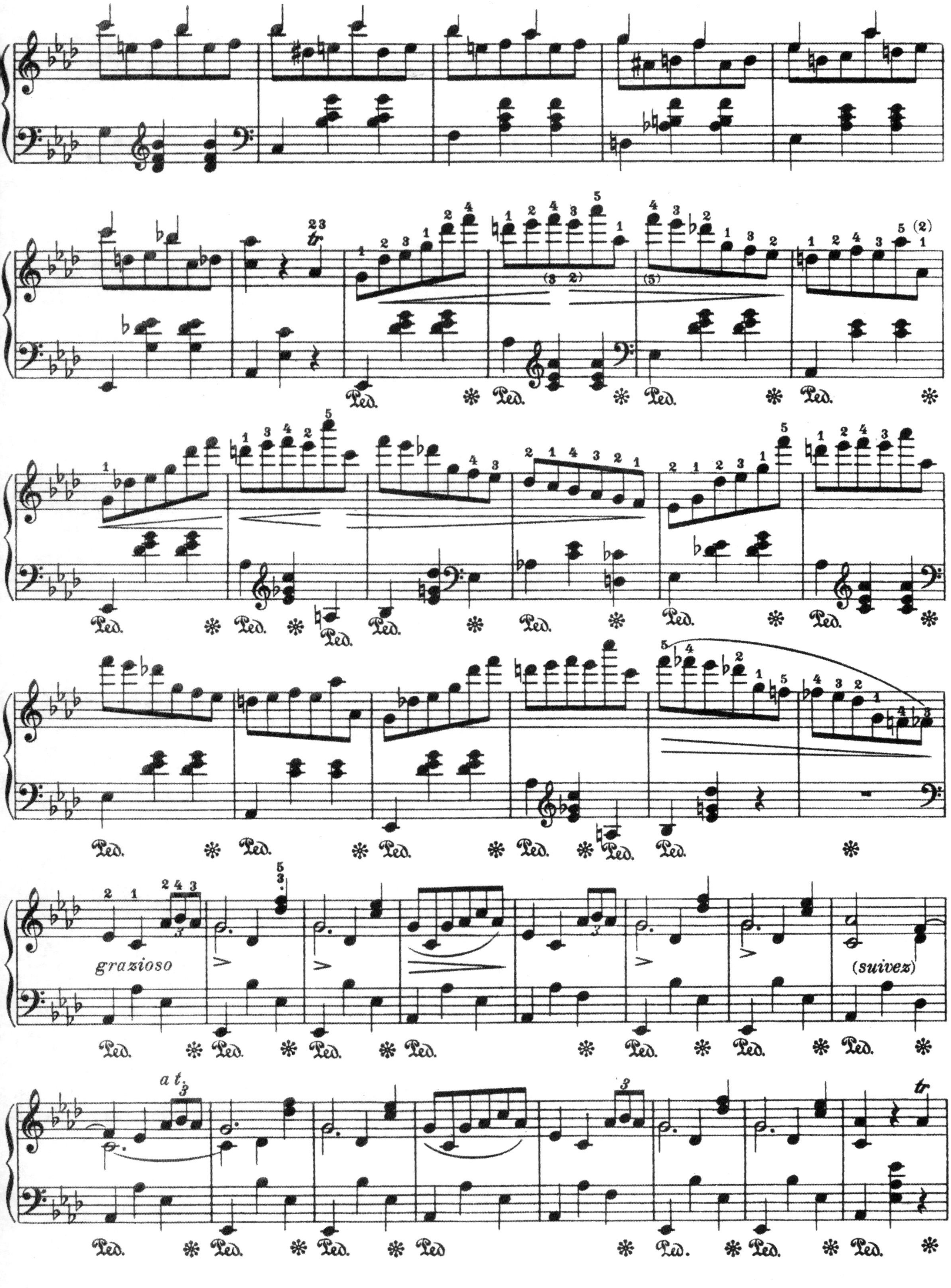
tr
grazioso
(suivez)
a t.
Ped.

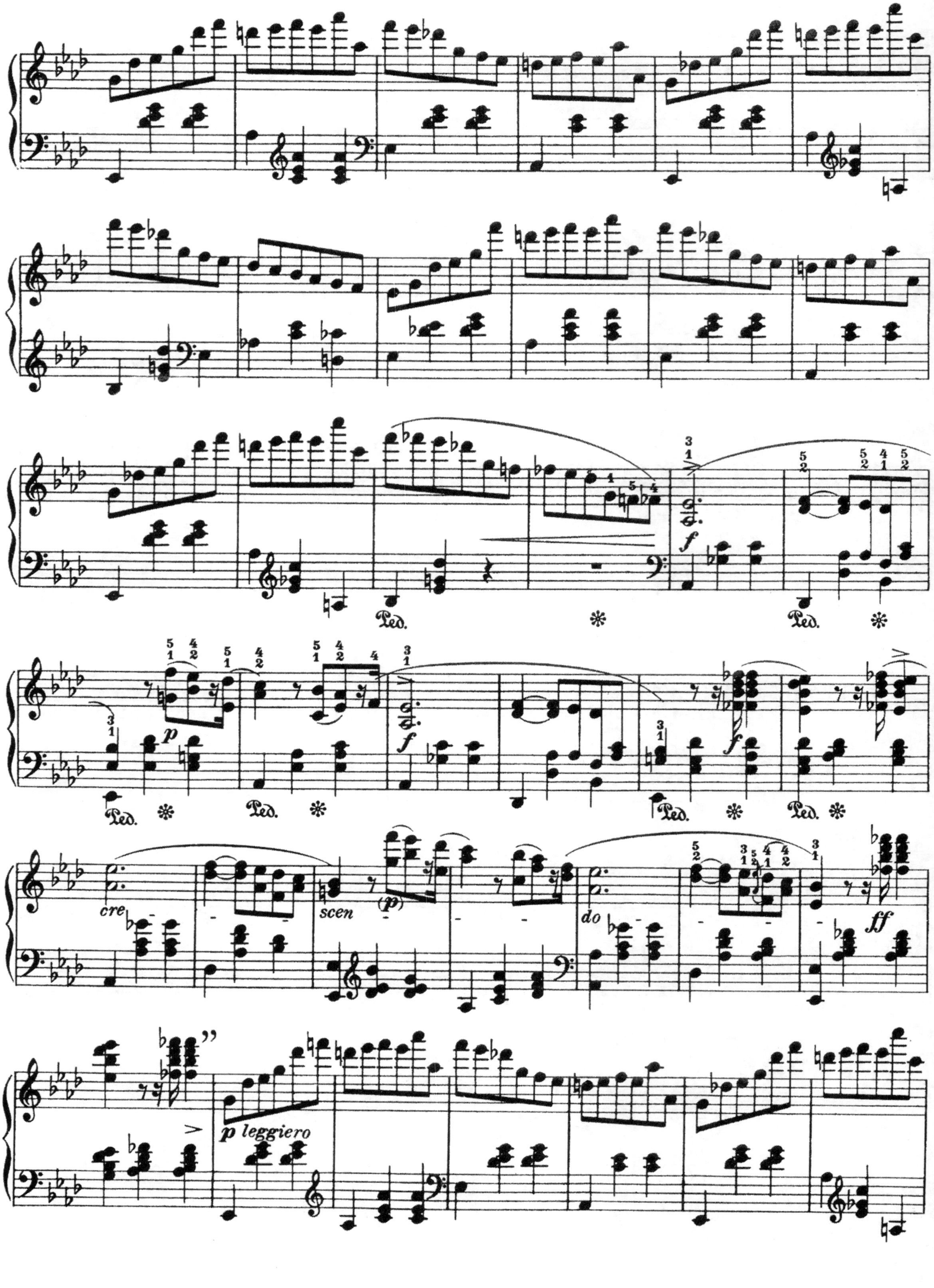
Ped.
cre
scen
do
(p)
ff
p leggiero

91

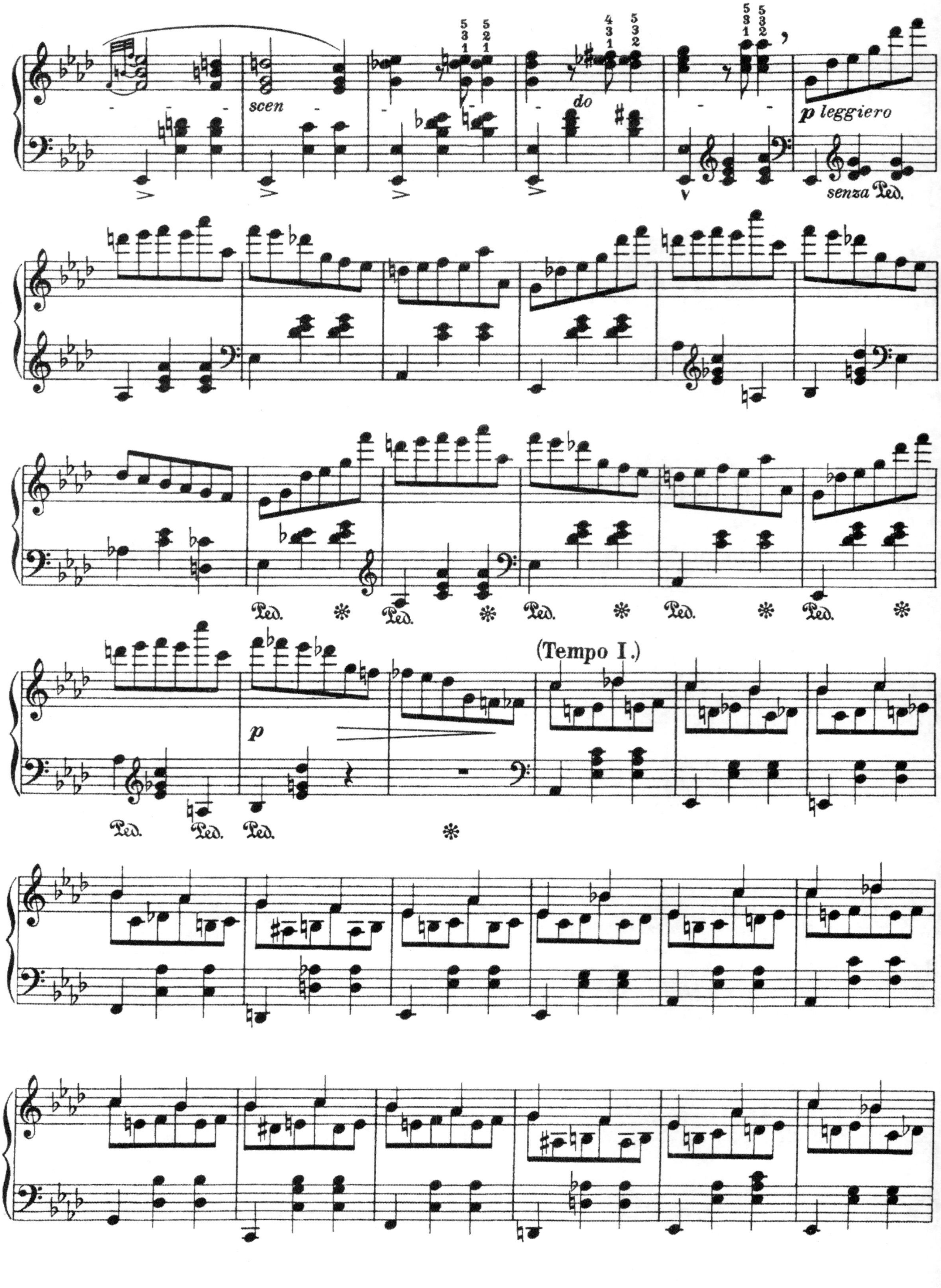
scen
do
p leggiero
senza Ped.
Ped.
(Tempo I.)
p

93

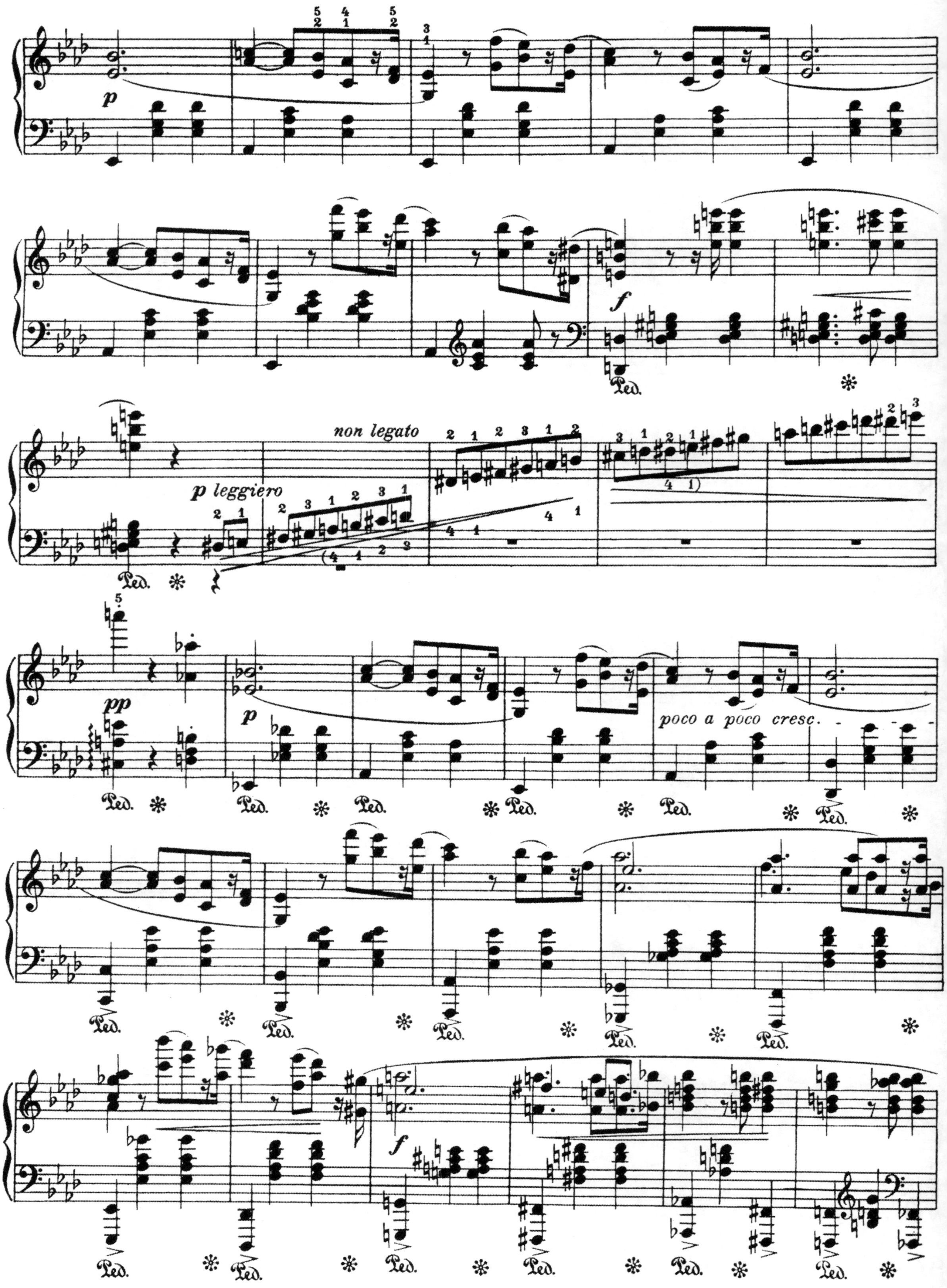
p
f
non legato
p leggiero
pp
poco a poco cresc.
Ped.

sf
leggiero
Ped.
f
8
ff
accelerando
cresc.
(senza rit.)
incalzando

Estudo
(Tristesse)

Op.10, nº 3

Revisão de M. Nielsen

Lento, ma non troppo ♩=100 (♪=100)

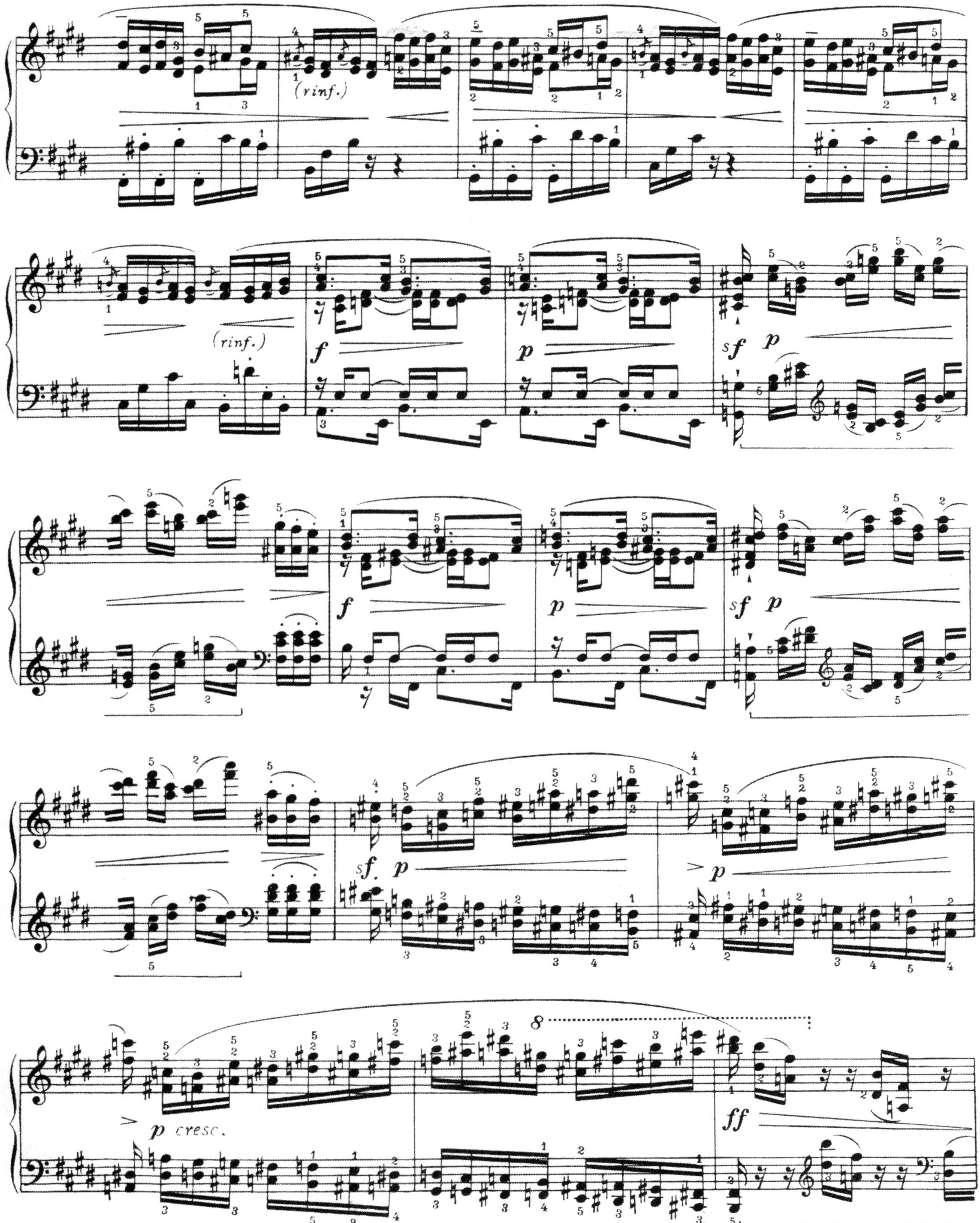
(rinf.)
(rinf.)
p cresc.

8
con forza
ff
con forza
ff
con bravura
sf
sf
sf
sf
sf e stretto
a tempo
poco rit.
rinf.
sf
p

Tempo I
cant.
smorzando e rall.
p
accel.
rinf.
rinf.
rit.
(f)
a tempo
sf
(f)
(mf)
(mp)
rall.
smorz.
(p)
pp

POLONAISE

La bemol - Op. 53

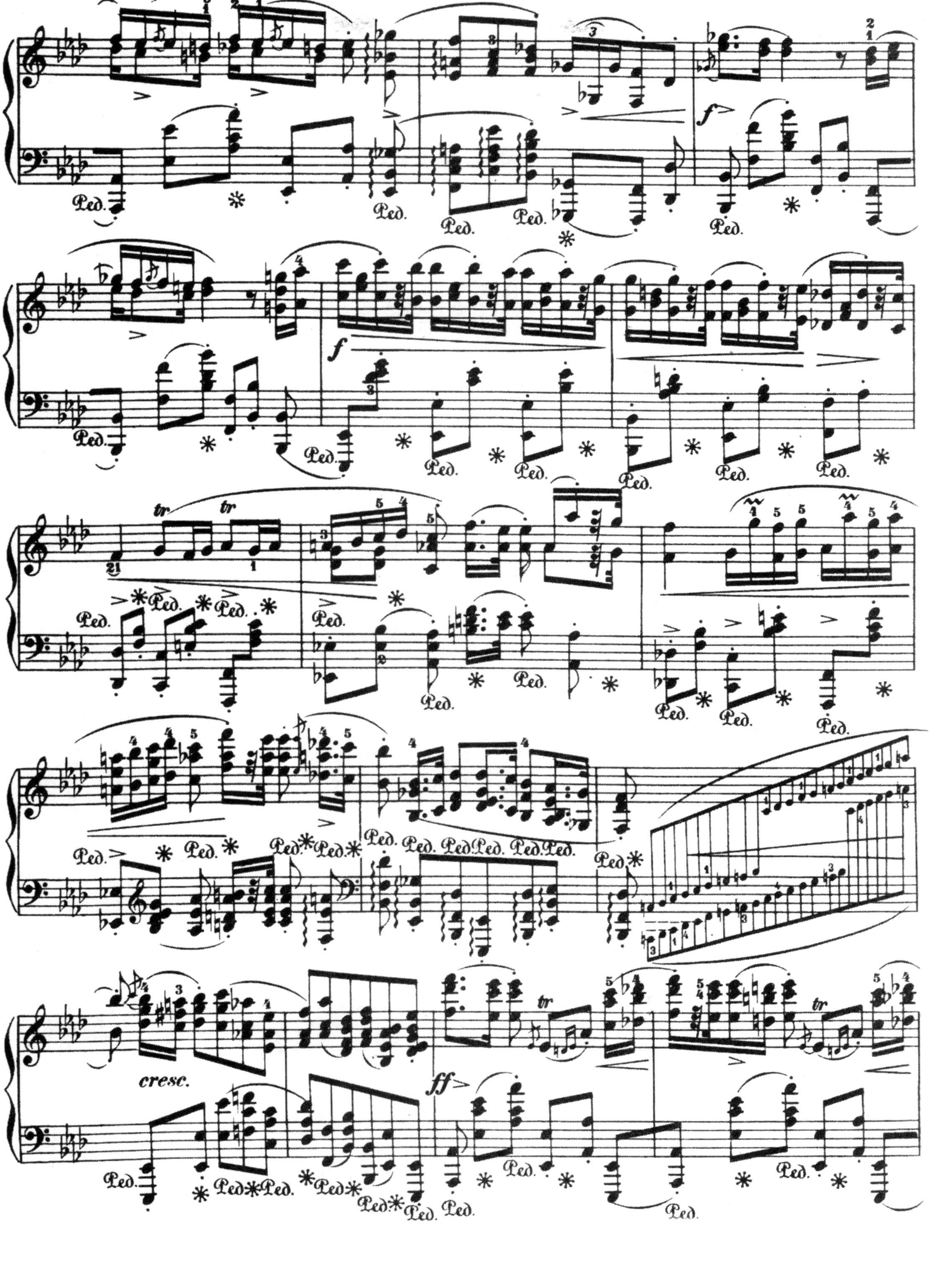
Ped.
tr
f
cresc.
ff

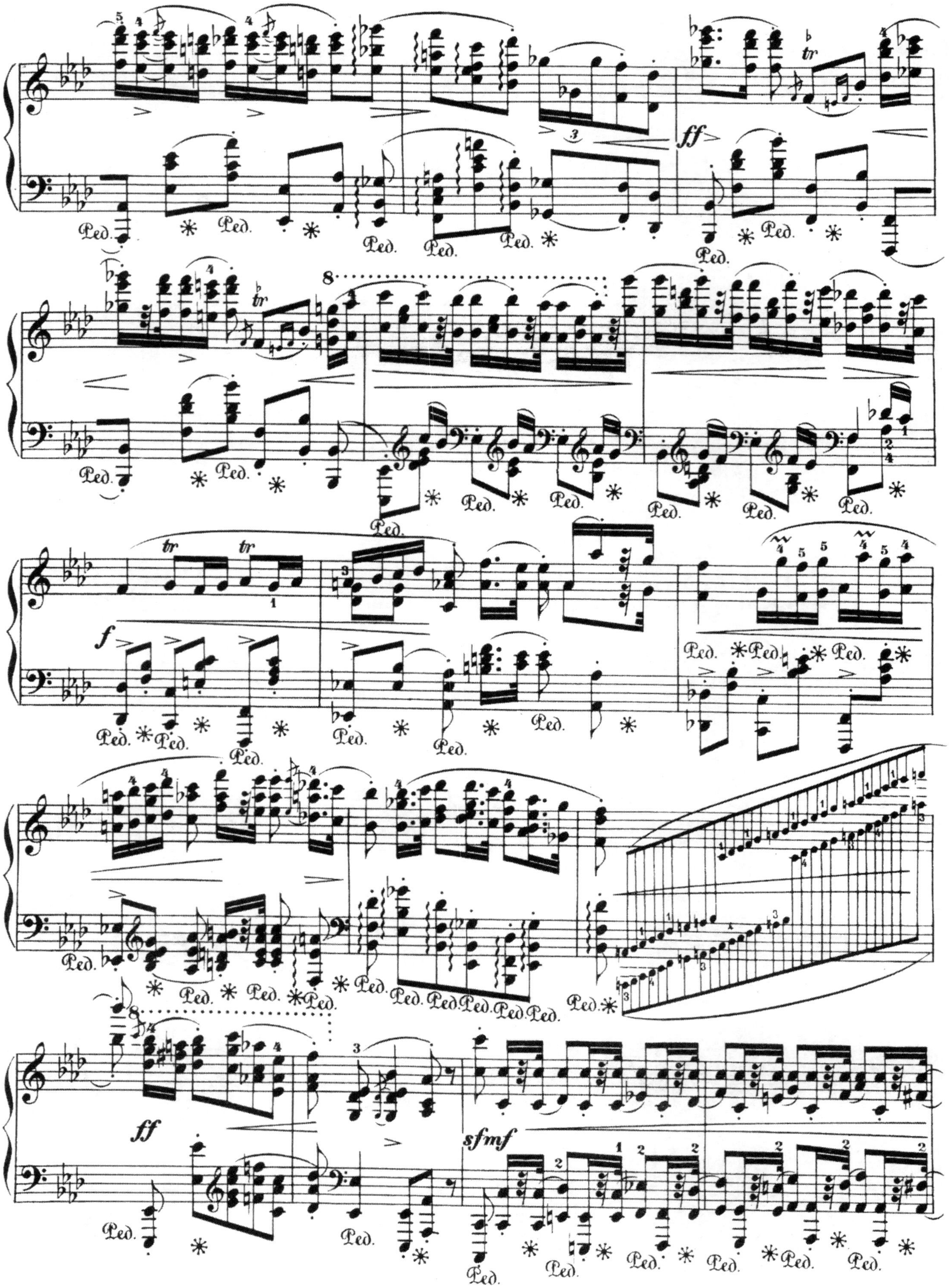
ff
tr
f
sfmf
Ped.

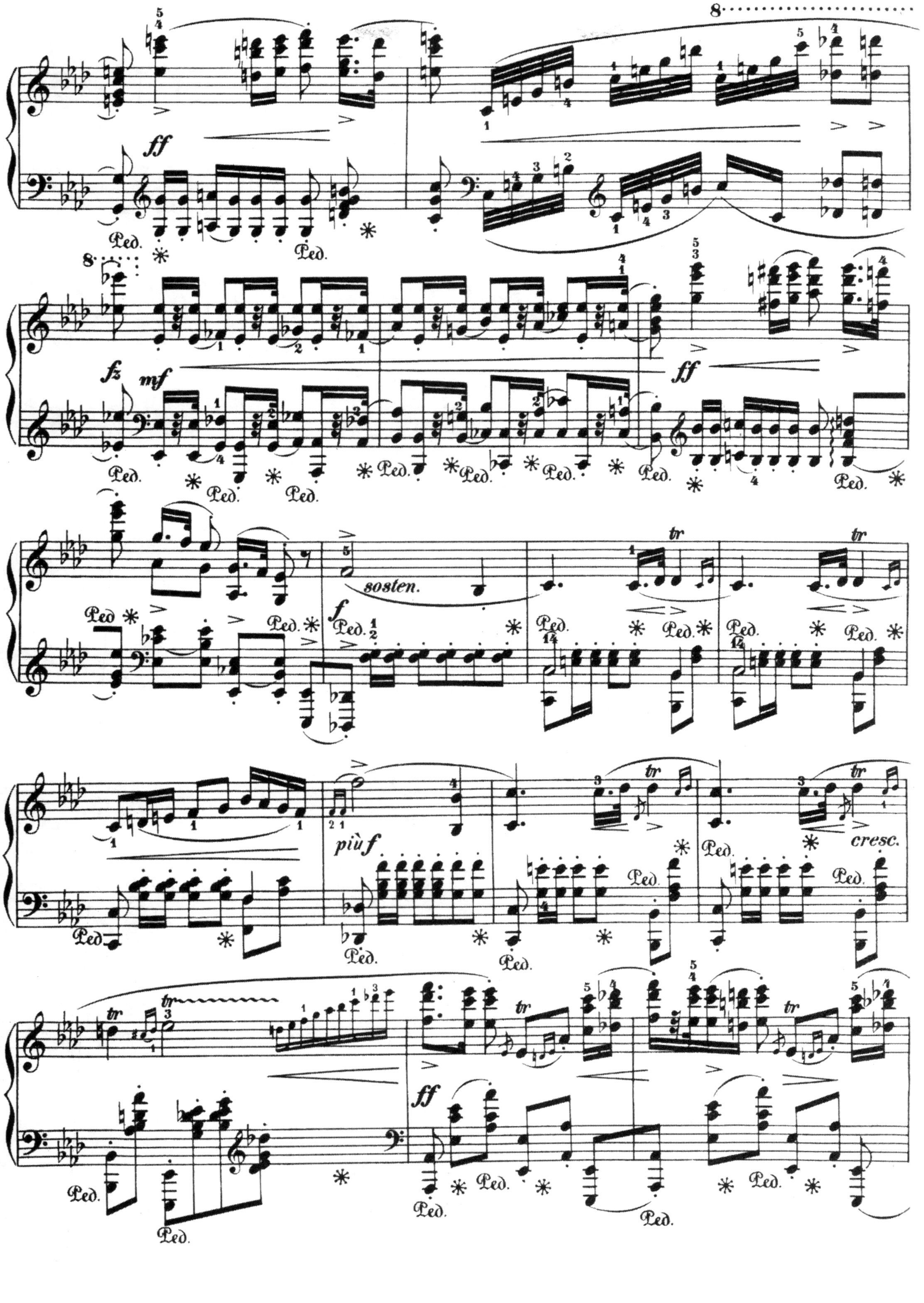
ff
sosten.
più f
cresc.
Ped.
tr

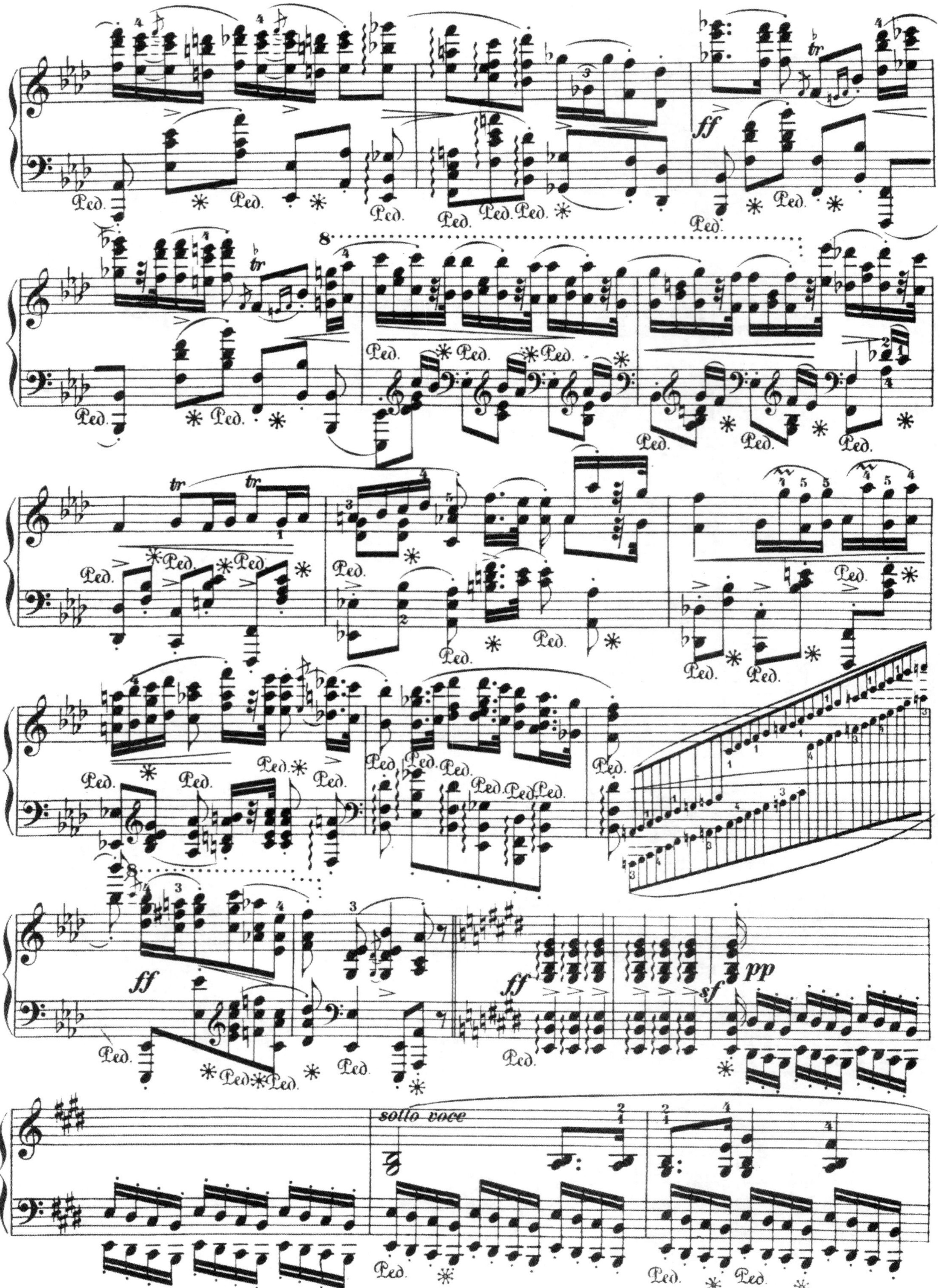

tr
ff
Ped.
8
sotto voce
pp
sf

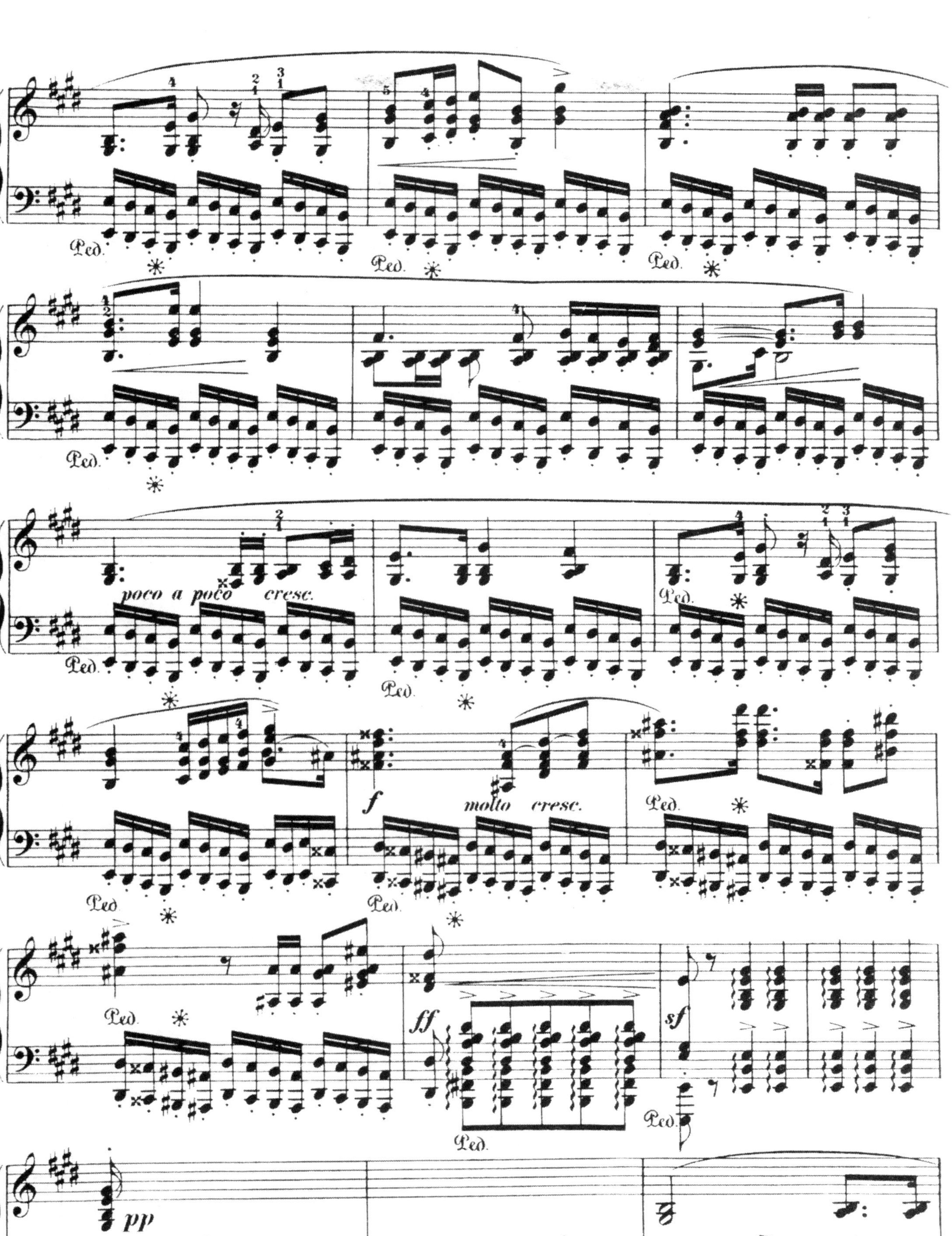
Ped.
poco a poco cresc.
f
molto cresc.
ff
sf
pp

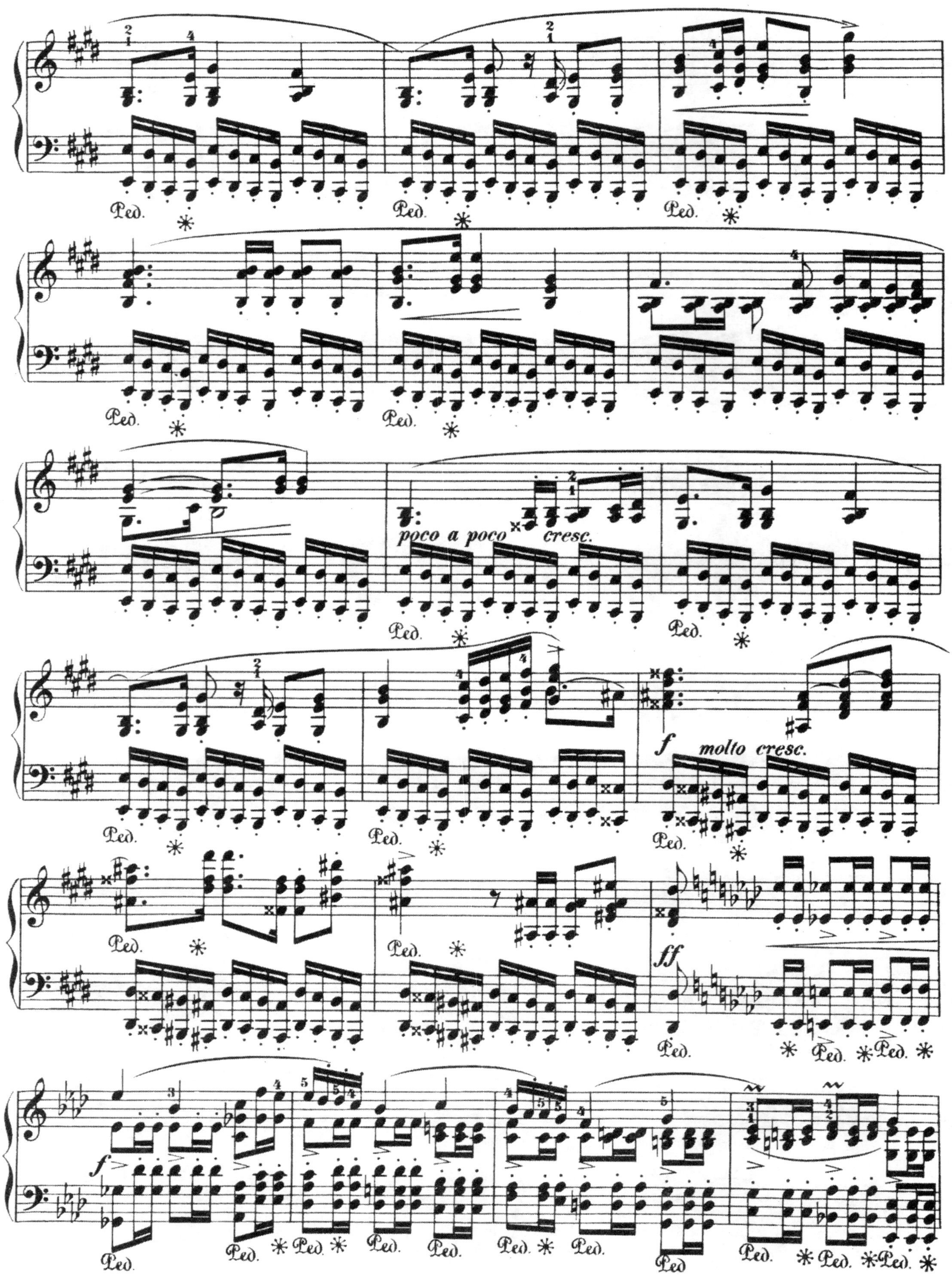

poco a poco cresc.
f molto cresc.
ff
f
Ped.

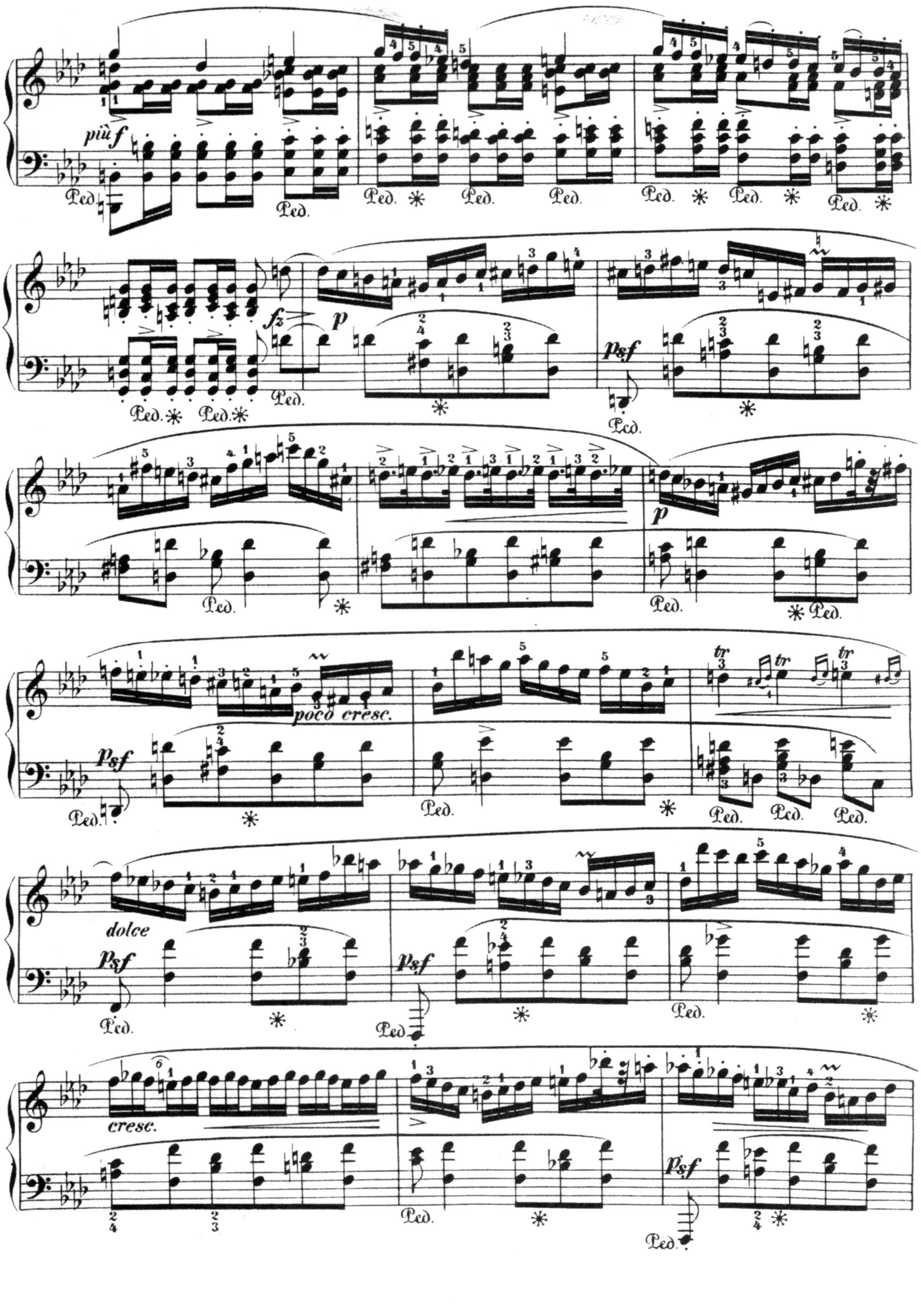
più f
fz
p
psf
poco cresc.
tr
dolce
cresc.
Ped.

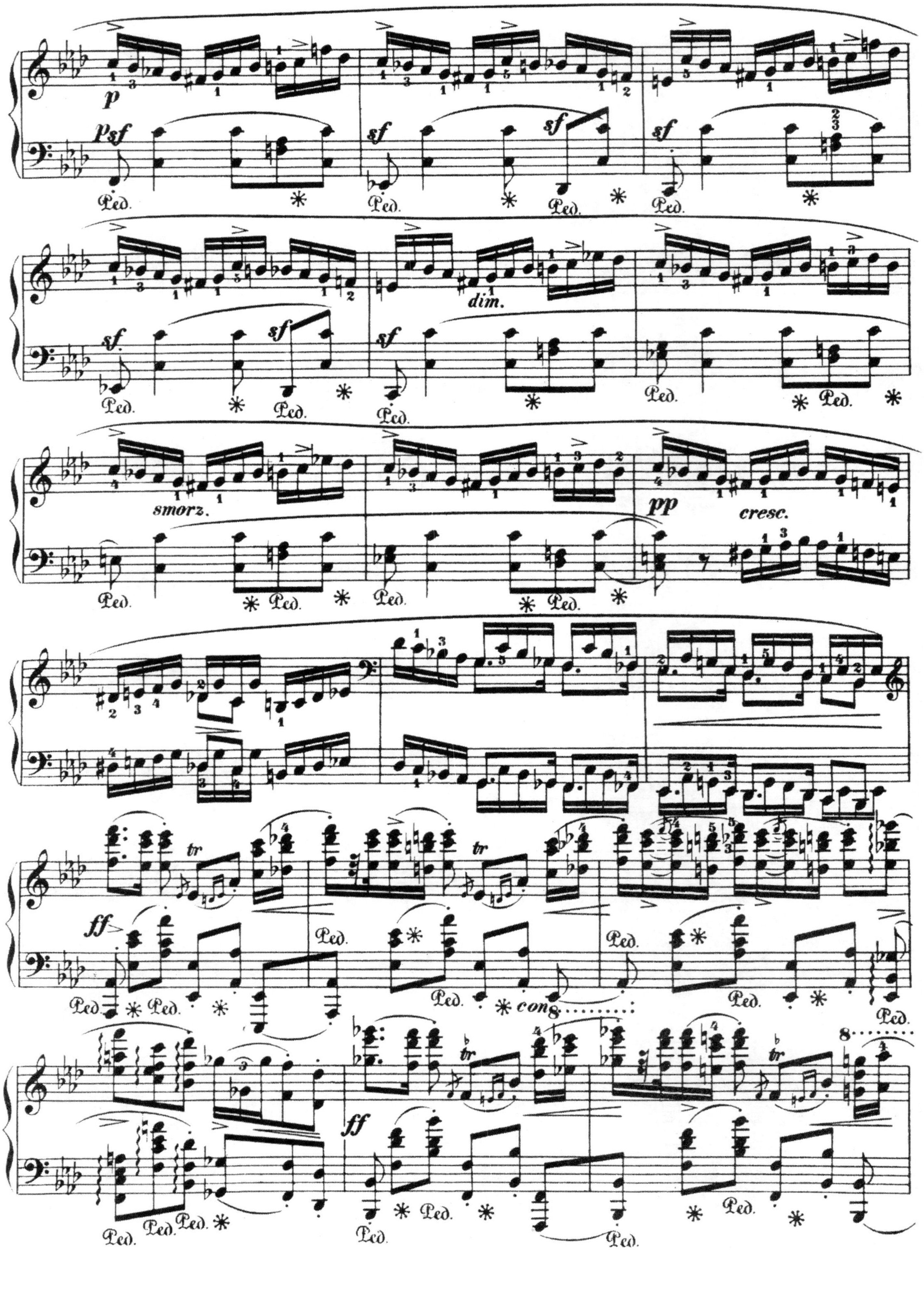
p
psf
sf
Ped.
dim.
smorz.
pp
cresc.
ff
tr
cong

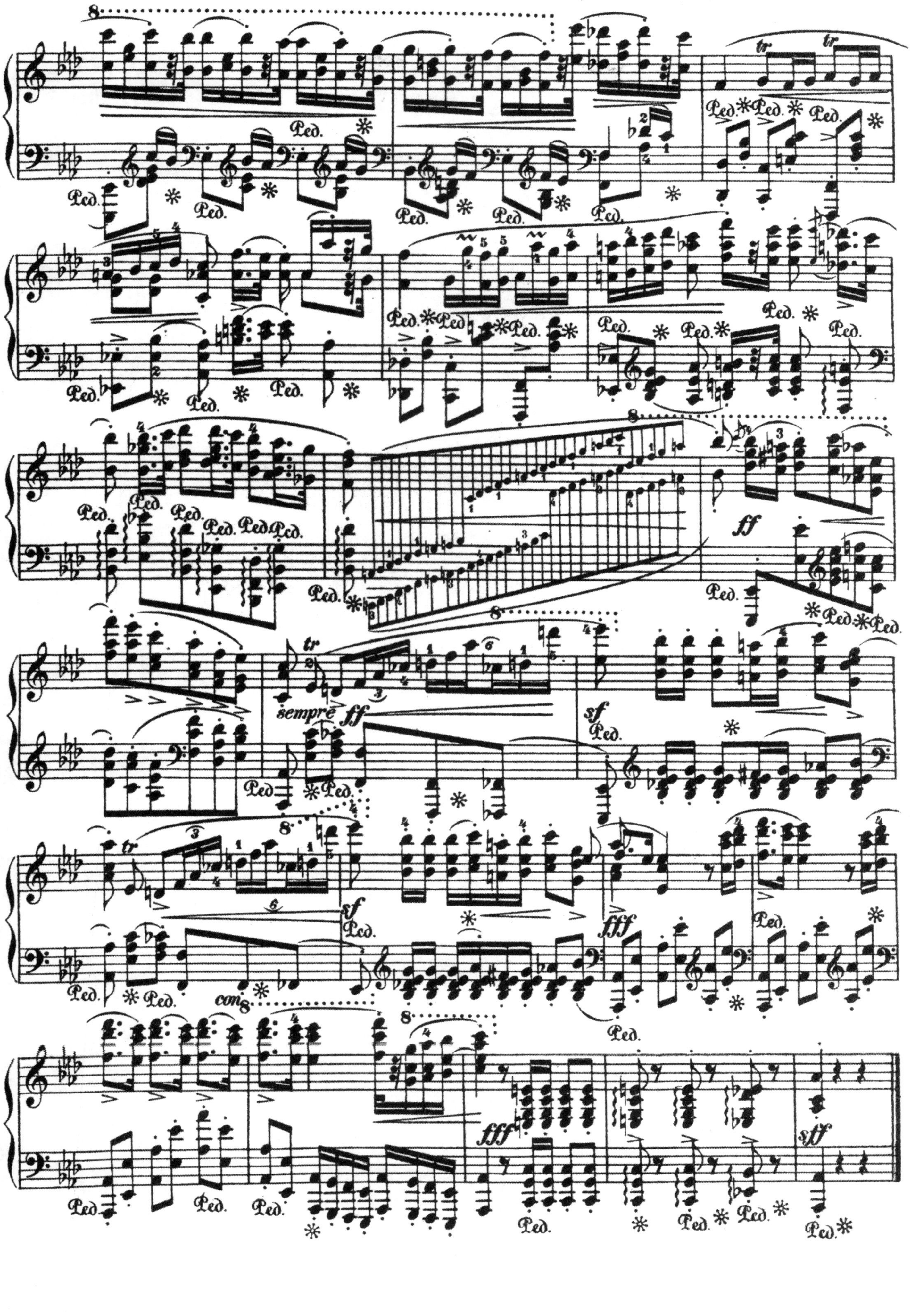
Ped.
tr
sempre
ff
sf
fff
sff

Dados Internacionais de Catalogação na Publicação (CIP)
(Câmara Brasileira do Livro, SP, Brasil)

Chopin, Fréderic François, 1810-1849
  Álbum de músicas de F. Chopin. -- São Paulo : Irmãos Vitale, 1996.

  "Álbum de músicas do filme da Columbia Pictures A noite sonhamos".
  ISBN: 85-85188-13-8
  ISBN: 978-85-85188-13-9

  1. Chopin, Frédéric, 1810-1849 2. Música I. Título.

96-2766   CDD - 780.8

Indices para catálogo sistemático:

1. Partituras : Chopin, Frédéric, 1810-1849 : Música   780.8